법륜 스님은
1969년 초겨울 어느 날 오후,
학기말 시험 중이라 쫓기는 마음으로 부처님을 참배하고 법당을 나서는데
주지 스님께서 부르셨습니다.

"스님, 저 오늘 바쁩니다."
"그래, 바쁘다고?" "예, 내일 시험을 치거든요."
"너 지금 어디서 오는 길이냐?" "학교에서요."
"학교에 오기 전에는?" "집에서요."
"집에서 오기 전에는?"
⋮

"그 전에는?" "어머니 뱃속에서 나왔지요."
"그 전에는?" "잘 모르겠습니다."
"그럼, 너 지금 어디 갈 거니?" "집에요."
"그래? 집에 갔다가는?" "학교에 가야지요."
"그 다음에는?"
⋮

"그 다음에는?" "죽지요."
"죽은 뒤에는?" "잘 모르겠습니다. 제가 그것을 어떻게 압니까?"

"이놈! 어디서 와서 어디로 가는지도 모르는 놈이 바쁘기는 왜 바빠?"

'어디서 와서 어디로 가는 줄도 모르면서 왜 이렇게 바쁘지?'
이 화두는 스님을 출가 수행자의 길에 접어들게 하였지요.
어둔 인생의 길에 등불이 되어 주시는 부처님의 가르침을
법륜 스님은 자신의 인생에서 고스란히 밝혀
지금도 뭇 사람들에게 길을 제시해 주는 삶을 살아가고 계십니다.

법륜 스님

1988년 설립한 정토회(www.jungto.org)에서 정토행자들의 수행을 지도하고 있으며 2000년에는 만해상 포교상을, 2002년에는 라몬 막사이사이상(평화와 국제 이해 부문)을 받았습니다.

지은 책에 《실천적 불교 사상》, 《인간 붓다, 그 위대한 삶과 사상》, 《금강경 강의》, 《반야심경 이야기》, 《스님의 주례사》, 《엄마 수업》, 《인생 수업》, 《일과 수행, 그 아름다운 조화》, 《기도_내려놓기》, 《깨달음_내 눈 뜨기》, 《즉문즉설1 답답하면 물어라》, 《즉문즉설2 스님, 마음이 불편해요》, 《즉문즉설3 행복하기 행복전하기》 등이 있습니다.

행복도 내가 만드는 것이네.
불행도 내가 만드는 것이네.
진실로 행복과 불행 남이 만드는 것 아니네.

법륜 스님의 즉문즉설 1
답답하면 물어라

개정판 1쇄 | 2007년 4월 30일
개정판 24쇄 | 2015년 1월 25일

지은이 | 법륜

펴낸이 | 김정숙
편집 | 임혜진, 이현정, 서예경
관리 | 박영준

펴낸곳 | 정토출판
등록 | 1996년 5월 17일 (제22-1008호)
주소 | 137-875 서울시 서초구 서초3동 1585-16
전화 | 02-587-8991
전송 | 02-6442-8993
이메일 | book@jungto.org
홈페이지 | book.jungto.org

디자인 | 1919 Design
본문그림 | 박석동(진리의 숲)

ISBN 978-89-85961-48-6 04810
ISBN 978-89-85961-42-4 (세트)

ⓒ2007, 정토출판

이 책 내용의 일부 또는 전부를 재사용하려면 반드시 정토출판의 동의를 얻어야 합니다.

| 법륜스님의 즉문즉설 1 |

즉시 묻고 즉시 답하는 즉문즉설은 생활 속의
어려움과 의문을 푸는 지혜의 샘입니다.

답답하면 물어라

정토출판

법륜 스님의 즉문즉설을 펴내며

　엄청난 정보의 홍수 속에 사는 현대인의 생활과 욕구는 정말 다양하고 가지각색이며 그에 따라 인생의 고민도 천차만별이다.
　부처님이 출가하신 목적은 우리 모두가 다 함께 행복하고 고통받지 않는 삶을 사는 방법을 찾는 것이었고, 그 가르침은 어느 누구든 궁극적으로는 그런 삶으로 살아가도록 인도하는 것이었다. 깨달음을 얻으신 후 부처님은 당시의 상황과 조건, 요구에 따른 '대기설법'을 펴셨는데, 사람들은 자기가 알고 싶은 것은 무엇이든 물었고, 부처님은 질문자가 바른 길을 갈 수 있도록 다양한 방법으로 지도하셨고, 이것이 나중에 기록되어 경전이 되었다.

이 책에 실린 것은 '정토법당'에서 열리는 법륜 스님의 '즉문즉설' 법회 내용을 김희오 님이 녹취하고, 이현정 님이 정리하여 구성한 것이다.

이 책에서 우리는 이 시대를 살아가는 우리의 문제와 고민, 그리고 마음에 걸림이 되는 것이 무엇인지, 그리고 그것을 어떤 식으로 소화해 나갈 것인지를 각 개인의 구체적인 질문과 법륜 스님의 대답을 통해서 듣게 될 것이다. 부처님의 가르침이 생활에 어떤 식으로 녹아들어야 하는지 답을 얻는 계기가 되었으면 한다.

2004년 5월 편집실

모르는 게 있으면 물어라

즉문즉설(卽問卽說) 법회란 누군가가 질문을 하면 법사가 적절한 답을 하는 대기설법(對機說法)의 전통에 따른 것입니다. 이제 본격적인 법회에 들어가기 전에 이와 같은 법회의 전통과 그 내용, 그리고 일반 법회와 다른 점이 무엇인지 개략적인 설명을 하고 나서 이 법회를 같이 만들어가려 합니다.

대기설법의 전통
예를 들어, 서울 가는 길을 물었을 때, 인천 사람이 물으면 '동쪽으로 가라' 하고, 수원 사람에게는 '북쪽으로 가라' 하고, 춘천 사람에게는 '서쪽으로 가라' 합니다. 누가 길을 묻든 서울 가는 길을 알려줍니다. 그러나 서울 가는 방향은 그 사람의 위치에 따라 다르지요.

이 때 '동이다, 서다, 북이다' 하는 것을 방편이라 하고, 이렇게 말하는 것을 방편설 또는 대기설법이라 합니다. 방편이란, 거짓말이나 임기응변이 아니라 조건이나 상황에 따른 가장 바른 길, 최선의 길이란 뜻이지요. 이처럼 부처님 가르침의 전형은 사람들이 먼저 물으면 그것에 대해 말씀하시는 대기설법이었습니다. 아함경은 대기설법을 기록한 것입니다.

또 이 법회는 선불교의 전통도 가지고 있습니다. 대승 불교가 발전하면서 불교는 철학적이 되지요. 사상이 심오해지면서 설명은 점점 길어집니다.

대승 경전의 대부분이 장광설인 것도 이 때문입니다. 질문이 적고 부처님 말씀만 많은 것이 있는가 하면, 질문 없이 부처님 말씀만 계속되는 것도 있어요.

여기에 대응해서 현실적이고 실천적인 문제를 간결하고 직선적으로 표현한 것이 선불교이지요. 선불교의 문답은 아함경보다 길이가 더 짧습니다. 부처님은 질문하는 사람의 입장과 처지를 뛰어 넘어 바로 일러줍니다. 그러니까 질문과 대답이 논리적으로 안 맞는 것처럼 보이지요. '부처가 뭡니까?' 라는 질문에 '똥 막대기다' 하기도 하고, '진리가 뭡니까?' 하니까 '뜰 앞의 잣나

무다' 라고 합니다.

선문답은 원형으로 돌아가려는 몸부림에서 나왔어요. 사변적이고 철학적인 이야기가 아니라 단도직입적으로 현실적인 삶의 문제에 접근하는 겁니다. 바로 듣고는 무슨 말인지 잘 모르지만 사실 깊이 들어가 보면 절대 어긋난 대답은 아니지요. 부처님이 하신 대기설법과 다른 점이라면, 부처님은 질문하는 사람이 이해할 수 있게 설명하셨지만, 선불교는 중간 설명을 생략하고 바로 결론으로 가니까 이해가 잘 안되는 것뿐이지요.

질문의 주제

그러면 대중이 묻는 질문의 주제는 어떤 것이어야 할까요? 그 주제에는 제한이 없습니다. 사람들은 자기의 조건과 처지에 따라 괴로워하는 문제가 다 달라요. 남이 볼 때는 별 문제 아닐 수도 있지만, 자신에게는 해결해야 할 가장 큰 일이기에 문제가 되는 겁니다. 언젠가 중고등학교 선생님들이 모여 청소년 상담

소를 열었는데, 학생들이 전화해서는 성(性)에 대해 자꾸 물으니까 장난 전화를 건다고 화를 냅디다. 그런데 학생들에게 이 문제는 장난이 아닙니다. 선생님은 아이들이 인생에 대해 고민을 하는 게 바람직하고, 그런 고민이라면 학교 교육이 해결해 주지 못하고 있으니 뭐든지 도움을 줘야겠다고 생각하는데, 학생들은 인생에 대한 고민도 하겠지만 대부분은 자신의 신체적 변화나 성적 욕망 때문에 당황하고 괴로워하지요. 그것이 학생들에게는 중요한 문제이기 때문에 고심하다가 묻게 되는 겁니다.

인간의 고뇌에는 좋고 나쁜 것이 없습니다. 불교에 대해 알고 싶다 해도 절하는 방법에 대해 알고 싶은 사람, 탱화에 대해, 또 교리에 대해 알고 싶은 사람이 있을 것이고, 불교의 사회적 실천이나 환경과 불교, 양자역학과 불교의 관계에 대해 알고 싶은 사람도 있어요.

또 연애하다 실패했거나 세상살이에 짜증이 나서 사는 게 괴로워 질문하는 사람도 있고, 뭔지는 모르지만 사는 게 슬퍼서 힘

들어 하는 사람도 있습니다.

사람마다 고뇌가 다를 뿐이지, 고뇌에 좋고 나쁨이나 수준의 높고 낮음이 있는 게 아니지요. 이런 저런 일로 고민하는 것은 다 번뇌입니다. 그 번뇌를 소멸시키는 방향으로 나아가는 법이 바로 부처님의 가르침이고요.

대중이 주인으로 참여하는 장

그리고 현재 대부분의 설법은 법사가 법회의 분위기를 좌우하지요. 대중의 심리를 잘 파악해서 때로는 재미있게, 때로는 심각하게 만들어서 졸지 않게 해야 하고, 내용도 적당하게 있는 법회가 되도록 신경써야 합니다.

그런데 대기설법은 법사와 질문자가 같이 법회의 분위기를 만들어 가는 겁니다. 대중이 주인으로 참여하는 거지요. 무슨 질문이냐에 따라 법회의 주제가 달라지겠지요. 과학과 관련된 질문이면 과학 교실이 되었다가, 생활이 괴로운 이야기가 나오면 인생 상담 교실이 되기도 하고, 교리 문제로 가다 보면 철학 교실이 되기도 하고, 절의 운영에 대해 묻다 보면 회의 분위기로 가기도 하겠지요. 대중의 적극적인 참여 여부도 법회의 분위기를 많이 좌우합니다.

신뢰의 장

이 법회에서 법사의 대답은 질문자에 따라 다양한 형태를 띠게 되겠지요. 질문자가 열심히 장황하게 질문했는데, 법사가 아무 말도 안 할 수도 있고요. 그냥 웃을 수도 있습니다. 그래도 그것이 대답이라는 걸 받아들여야 합니다. 대답을 안 하는 것은, 질문자가 대답을 듣기보다는 자기 이야기를 하고 싶어 한다고 생각되는 경우일 수가 있는데 그 때는 그 사람의 이야기를 들어주기만 하면 되기 때문이지요. 특별히 대답할 필요가 없는 질문일 때도 있고, 질문 자체가 그런 것일 때도 있습니다.

반대로 법사가 공격적으로 되물을 수도 있어요. 그럴 때 질문자는 법사의 되묻는 질문도 하나의 대답으로 받아들여야 합니다. 이처럼 이 법회에서는 대답을 하든지 안 하든지, 대답이 어떤 방식을 취하든지 간에, 대중은 '그것도 하나의 대답이겠다' 하며 법사를 신뢰하는 마음이 있어야 합니다.

그리고 질문자는 자기가 원하는 대답을 듣겠다는 생각을 버리면 법회의 분위기를 좋게 이끄는 데 도움이 될 겁니다. 자기가 원하는 대답을 듣겠다고 한다면 굳이 질문할 필요가 없겠지요. 이미 알고 있다는 이야기니까요. 몰라서 물었으면 자기 구미에 맞는 답은 없을 것이라는 건 알고 있어야겠지요.

질문자와 청취자의 태도

그런데 질문자가 잘난 체하려는 경향이 크면 이 법회는 경직되기 쉬워요. 질문이 잘 안나옵니다. '질문을 잘해야 하는데, 저런 걸 질문이라고 하나. 질문하려면 적어도 이런 걸 해야지.' 하는 생각을 하거나, '이런 질문을 하면 사람들이 날 보고 뭐라 안 할까.' 하는 생각을 하거나, 칭찬 받으려는 심리가 작용하면 질문이 잘 안되고, 문답을 하다가 논쟁으로 흐르기 쉽고, 또 질문하고 나서 '사람들 보는 앞에서 창피만 당했다. 괜히 했다.' 하고 후회하게 됩니다. 그러니까 그런 생각을 내려놓고 질문해야겠지요.

또, 이 법회를 만들어가면서 주의할 점은 이 자리에서 있었던 이야기는 이 자리에서 끝내야 한다는 것입니다. 남편 있는 여자가 애인이 생겨 그 때문에 괴로워서 질문했는데, 법회를 끝내고 나가면서 '야, 그 여자, 그럴 줄 몰랐다.'는 식으로 비난하거나, 법사가 대답으로 거친 표현을 했을 때 '중이 그런 욕을 할 수가!' 하고 마음에 담아두어서는 안 된다는 것이지요. 질문은 어떤 것이든 자기 고민을 해결하기 위해 하는 것이고, 그런 번뇌는 옳다 그르다, 정당하다 비난받아야 한다고 따질 수 없기 때문이죠. 그리고 대답은 법사의 입장에서 가장 효과적인 것을 선택한 것입니다. 예를 들어, 큰 소리로 거친 표현을 쓴다면 그것이 그 상황에서 질문자에게 가장 효과적인 방법이라 판단해서 하는 것입니다. 그렇게 되면 그걸로 끝나야 합니다. 그렇지 않으면 남에게 보이기 위한 질문과 겉만 번드르르한 응답을 하는 분위기로 변해 구체적인 삶의 문제를 단도직입적으로 이야기할 수가 없게 되겠지요.

진행하다 보면 법회가 조금 난장판이 될 수도 있어요. 괴팍한 사람들이 와서 행패를 부릴 수도 있고, 여러 형태로 전개될 수 있습니다. 그 가운데 제일 잘못되는 경우는 여러분이 동참 안 하는 것인데, 우리는 그런 경우까지도 인정해야 합니다.

부처님이 열반에 드시기 직전에 이렇게 말씀하셨습니다.

"무엇이든 의심이 있으면 물어라. 내가 열반에 든 뒤에 '그때 물어볼 걸' 하고 후회해서는 안 된다. 편안하게 벗이 벗에게 하는 것처럼 물어라."

이 말씀을 세 번이나 하시니까 아난 존자가 "아무런 의심이 없습니다."라고 했지요. 그처럼 아무 질문이 없으면 조용히 그냥 있으면 되는 겁니다.

  그래서 법회가 5분 만에 끝날 수도 있고, 100분보다 더 길어질 수도 있습니다. 단, 질문이 자기 관심사에 대한 내용이니 귀담아 들을 것이기 때문에 많은 공부를 할 수 있을 것입니다.

차 례

책을 펴내며 _8
서문 _10

1부 🌸 인연을 알면 괴로울 일이 없다 _22

- 냉랭한 부부 사이 어떻게 풀어야 합니까? _24
- 원하지 않는 사람과 결혼해서 살 때 마음을 어떻게 다스려야 합니까? _32
- 남편 때문에 재산도 잃고 건강도 잃어 억울합니다 _36
- 아이를 위해서라도 이혼해야 할까요? _46
- 아내가 기독교인이어서 갈등이 생깁니다 _54
- 시동생이 부아를 돋웁니다 _60
- 어머니한테 쌓인 게 많아요 _70
- 형제들에게 배신감을 느꼈습니다 _76
- 올바른 태교란 _84
- 아이에게 잔소리 안 하기가 힘듭니다 _90
- 신체장애가 있는 아이는 어떻게 대해야 할까요? _98
- 기분이 늘 우울해요 _102
- 직장에서 불안하고 긴장이 됩니다 _108
- 직장동료가 상사들 험담할 때 불편합니다 _112
- 학생들이 수업을 잘 듣지 않아 화가 납니다 _114
- 나만 보면 전도하려는 친구와 잘 지내려면 _120
- 애인에게 낙태까지 하게 했는데, 죄를 씻을 수 있을까요? _128
- 결혼을 하려는데 궁합이 안 좋대요 _136
- 인생 계획은 어떻게 세워야 합니까? _144

2부 🍀 걸림없는 가벼운 인생 _148

- 억울한 일을 당해도 밝히지 말아야 합니까? _150
- 달라는 대로 다 줘도 괜찮을까요? _160
- 악몽 때문에 괴롭습니다 _166
- 법을 굴린다, 법에 굴림을 당한다는 말이 무슨 뜻인가요? _174
- 어두워진 마음을 밝게 할 수 있습니까? _178
- 억울해서 화가 납니다 _186
- 직장 생활이 싫지만 마지못해 다닙니다 _190
- 누가 내 물건에 손을 대면 화가 잘 납니다 _198
- 큰 깨달음, 작은 깨달음이 있습니까? _204
- 조기 유학을 어떻게 봐야 할까요? _210

3부 🍀 자기 인생의 주인이 되는 길 _220

- 어떻게 하면 자기 자신을 잘 알 수 있나요? _222
- 기도를 해도 감응이 없어요 _228
- 금강경을 읽으면 좋은 일이 생깁니까? _232
- 관세음보살님을 어떻게 불러야 할까요? _238
- 왜 전생에 대해 참회해야 합니까? _244
- 부모님 은혜와 중생의 은혜를 안다는 것은 _250
- 부처님이 회사 생활을 한다면 _256
- 봉사를 열심히 했는데도 아이가 대학에 떨어지면 어쩌지요? _264
- 텔레비전 채널 때문에 동생이랑 다퉈요 _272
- 세상에 도움되는 일을 잘 하려면 _276

법륜스님의 즉문즉설 卽問卽說

이 세상의 모든 원리는 인연과의 법칙입니다.

밭에 호박 싹이 텄으면 호박씨가 있었기 때문이지요.

씨는 '인'이며,

　물·온도·공기를 '연',

　　싹이 트는 것을 '과'라고 합니다.

'인'만 있고 '연'이 없으면 '과'가 일어나지 않고

　'연'만 있고 '인'이 없어도 '과'가 일어나지 않습니다.

　　반드시 '인연'이 만나야 '과'가 일어나며

'과'가 일어났다면 반드시 '인연'이 있었기 때문입니다.

1부

인연을 알면 괴로울 일이 없다

냉랭한 부부 사이
어떻게 풀어야 합니까?

저는 결혼한 지 11년 되었고, 아이가 둘 있는데, 남편과의 문제가 심각해서 이 자리에 나왔습니다. 결혼한 뒤 남편은 2년 정도 직장 다니다 그만두고, 고시 공부를 5년 정도 하다가 지금은 지방에서 근무하고 있습니다. 남편이 공부를 시작하면서부터 아이 키우고 가정 돌보는 것은 제가 했어요. 남편이 원하는 것을 막아선 안 된다고 생각했습니다. 가끔씩 몸이 힘들긴 해도 그땐 긍정적으로 살았는데, 문제는 시험이 끝나고 생겼습니다.

남편은 평소에도 술을 즐겨 마시고 가족과 지내는 것보다는 친구와 술 마시는 것을 더 즐겨했어요. 가정생활에 신경을 쓰면 시험에 붙을 수 없다고 협박했기 때문에 그냥 넘어갔습니다. 시험이 끝나면 달라지리라 생각했는데, 시험이 끝나도 낮에는 잠을 자거나 밖에 나가고 가정을 나 몰라라 하더군요. 무슨 문제 때문인지는 잘 모르겠지만, 어떤 때는 완전히 틀어져서 밥도 따로 먹고 저하고는 말도 안 합니다.

이제 남편이 지방 가서 생활한 지 2년 정도 됩니다. 그 전까지는 아이를 봐주는 일도 없었는데, 지방 생활하면서는 주말에 올라와서 아이들과 놀아 주기도 해서, 저는 좀 나아질거라고 생각했어요. 그런데 여전히 필요한 얘기는 전화로만 하고, 저하고는 얼굴도 마주하려고 하지 않습니다.

그렇다고 지금 싸우거나 하지는 않습니다. 주위 분들은 이대로 있으면 안 된다, 문제를 해결하라 하지만 어디서부터 풀어야 할지 모르겠습니다.

헤어지고 싶어요, 아니면 같이 살고 싶어요?

헤어지고 싶으냐고 물으면 그럴 필요까지는 없다는 생각이지만 같이 살고 싶은 마음도 없어요.

그러면 지금 상태가 딱 좋네요. 같이 살면 시중들고 잔소리 들어야 하니 귀찮아서 못 살겠고, 이혼하면 이혼녀다, 혼자 산다는 소리 듣겠고, 또 애 문제로 머리 아플 일도 많을 것이니 그러니 지금이 제일 좋은 상태지요. 어떻게 보면 혼자 사는 것 같기도 하고, 또 어떻게 보면 애한테는 아빠도 있고 공무원 부인이라는 소리도 들을 수 있으니까 자신이 원하는 대로 되어 있잖아요? 삶은 자기가 원하는 만큼 됩니다. 아무 문제도 없는데, 왜 옆 사람들이 뭐라 하는 것에 신경 쓰세요? 신경 쓴다는 것은, 또 질문한다는 것은 문제가 있다는 이야기지요.

같이 살고 싶으면 지금부터라도 남편한테 맞춰야 합니다. 만약 같이 살기 싫다면 안 맞추어도 돼요. 자기 성질대로 하고 싶으면 헤어지는 쪽으로 가면 되고, 같이 살고 싶으면 '나'라는 걸 버려야 합니다.

지금 '나'라는 걸 버리기도 그렇고 혼자 살기도 그렇고 한 그 상태에 딱 맞게 되어 있으니까 걱정 말고 지내세요. 조금 더 지내보면 결론이 나겠지요. '이렇게 사는 것보다는 헤어지는 게 낫겠다.' 하든지, 아니면 '이미 애도 컸으니 같이 살아야겠다.' 하면 그에 맞게 선택하면 됩니다.

그런데 같이 살려면 숙여야 합니다. 내 고개도 쳐들고 같이 살고 싶겠지만 그렇게는 안 돼요.

서로 떨어져서 사는 건 그럴 만한 이유가 본인한테 있어서니까 남편한테 그 원인이 있다고 생각하면 안 돼요. 자기한테 문제가 있는 겁니다. '내가 나쁜 사람'이라고 생각하라는 말이 아닙니다. 지금 어떻게 할 것인가 하는 것이 자신의 손에 달려 있어요. 같이 살 것인가 헤어질 것인가는 본인이 선택하면 됩니다. 질문했을 때에는 같이 살고 싶어서 했겠지요? 같이 살려면 남편한테 숙이고 엎드려야 합니다.

왜 저만 그렇게 해야 합니까?

남편과 같이 살고 싶어 하니까 그래요. 만약 남편이 저한테 와서 부인과 같이 살고 싶다고 말하면 부인한테 숙이라고 말할 겁니다. 그러나 지금 남편은 별로 같이 살고 싶어 하지 않으니까 숙일 필요가 없어요. 인생은 다 자기가 선택해서 사는 것이지, 윤리와 도덕으로 살게 되지 않습니다. 내가 저 여자가 좋다 하면 저 여자 마음에 들게 행동해야 할 것 아니겠어요? 즉, 그 여자에게 나를 맞추어야지요. 그 여자가 싫으면 나 좋은 대로 살아도 되지요. 그 때 상대편이 헤어지자고 하면 '마침 잘 됐다' 생각해야지 '네가 나를 배신해?' 하고 볼멘 소리하는 건 바보짓입니다.

저는 여성이라고 해서 특별히 봐 주는 게 없어요. 여성이라고 이유 없이 그저 동정하는 것은 여성을 망치는 것밖에 안 돼요. 여성도 한 사람으로서 자기 인생에 책임을 지고 살아야지요.

이런 경우가 있었어요. 한 신도가 '길 가던 어떤 남자가 내 엉덩이를 만졌다'고 분노하면서 내게 상담하러 왔는데, 내가 "기분 좋았겠다. 돈을 얼마 달라 합디까?" 하고 물었어요. 그랬더니 "돈은 무슨 돈요?" 하며 항의하더군요. "그래? 지압 받으려면 돈 줘야 하는데 당신은 공짜로 받았네." 그렇게 말했어요.

이 말을 잘못 들으면 크게 오해할 수도 있어요. 제 말의 요지는 '지금은 당신 스스로가 당신을 괴롭히고 있다'는 것이지요. 생각을 바꾸어 피해의식에서 벗어나야 합니다. 피해의식은 자신을 괴롭힐 뿐이니까요. 그러면 그런 사람은 그냥 두어야 하느냐고 묻는데 그것은 다른 문제입니다. 만약 이런 문제를 해결하고자 한다면 좀 수고를 해야 합니다. 그럴 때에는 바늘 같은 것을 가지고 다니다가 그 사람의 손을 사정없이 찔러 버려요. 그렇게 할 용기가 없으면 상대를 고칠 수가 없습니다. 혼자 집에 와서 울어 봐야 자기만 손해지 세상은 아무 것도 변하는 게 없어요. 그런 동정 받는 어리석은 인생을 살면 안 됩니다. 자기가 인생의 주인이라는 것을 잊어선 안 돼요. 남편 때문에 내 인생이 이렇다느니 하는 소리는 요즘 같이 좋은 세상에서 할 이야기가 아니라는 말입니다.

제가 보기에는 남편과 함께 살고 싶어서 질문하신 것 같군요. 그러면 옛날 일 따지지 말고 그냥 받들어 모시고 살면 됩니다. 만약 정말 살기 싫으면 지금이라도 집에 안 가면 돼요. 어떻게 할까 하는 생각조차 할 가치가 없어요. 지금 이 자리에서 집에 안 가면 끝입니다. 그렇게 못 하는 것은 내가 못 하는 것이지 남편이나 남 때문이 아니라는 겁니다.

제가 살기 싫다는 마음이 없다는 말인가요?

사람 마음은 왔다 갔다 해서 오늘은 좋았다 내일은 싫었다가 하는데 이런 것은 믿을 게 못 돼요. 생각이 이랬다저랬다 하는 것이지요. 남편이 좀 잘해주면 내가 전생에 무슨 복을 지어 이렇게 좋은 남자를 만났나 싶고, 반면에 남편이 잘해주지 않으면 내가 전생에 무슨 죄를 지어 이런 고약한 남자를 만났나 싶은데 그게 다 번뇌입니다. 우리는 하루에도 열두 번씩 생각이 왔다 갔다 해요. 평생 아끼고 사는 부부들도 같이 살기 싫다는 생각이 하루에도 여러 번 든다고 해요.

'저 인간 어디 가서 콱 죽어 버리면 좋겠다. 어째 범이 물어 가지도 않나' 이렇게 악 쓰며 싸우던 부부였는데, 남편이 쓰러졌다는 소식을 듣고 제가 병원에 달려가 보니 아무도 없고 부인 혼자 와 있어요. 그래도 부인이 제일 걱정해 주고 뒷바라지를 해 줍디다.

상담하러 찾아오는 사람들이 아주 괴롭다고 하지만, 제가 보기에는 별로 괴로운 것 같지가 않아요. 왜냐하면 괴롭다고 하면서도 제가 "그렇게 괴로우면 절에 와서 사세요." 하면 "뭐 먹고 살아요?" 하고 반문해요. 그래서 "밥은 먹여 줄게요." 하면 "밥밖에 안 줘요? 월급도 안 주고요?" 이런 대답이 나옵니다. "밥이야 집에서도 먹을 수가 있는데……" 그 말은 절보다 그래도 집이 더 좋다는 거 아니겠어요? 여러분이 아무리 괴롭다 해도 절에 사는 것보다 집에 사는 게 좋다는 거니까 저는 여러분이 아무리 하소연을 해도 동정 안 합니다. 그게 정말 싫으면 절에서 살면 되는데 안 그러거든요.

앞으로는 엎드려 숙이고 사세요. 형식적으로가 아니라 마음으로 엎드려 살아야 합니다. 부인이 보기에는 공무원인 남편이 웃기는 인간이지만 밖에서는 사람들이 얼마나 잘난 사람으로 떠받들겠어요. '어르신, 영감님' 하고 세상 사람들이 다 받들어 주는데, 정작 받들어 주기를 기대하는 마누라만은 자기 약점을 알고 무시하니까 마누라 얼굴을 쳐다보기 싫은 겁니다. 그러니 가능하면 얼굴 안 보고 말 안 하려 하는 거예요. 부인이 정말 숙여 주면 처음에는 더 밟겠지만 조금만 더 지나면 아주 좋아집니다. 남자들은 마누라한테 지지를 받으면 기가 살아요. 천하의 지지를 다 받아도 마누라한테 지지받지 못하면 가슴 속에는 늘 열등의식이 있지요. 그러니 나와 남편, 자식 모두를 위해서 남편에게 숙이고 남편을 받들고 사세요.

원하지 않는 사람과 결혼해서 살 때 마음을 어떻게 다스려야 합니까?

원하는 사람과 결혼을 못 하게 되는 경우도 있고 원하지 않는 사람과 결혼하는 경우도 있습니다. 만약에 주위 사람들의 반대로 원하는 사람과 결혼하지 못 하게 되면 마음이 원수처럼 되기도 하고 또 원하지 않는 사람과 결혼해서 불만이 있을 수 있습니다. 그런 상황에서는 어떻게 마음을 조절해야 합니까?

원하는 사람을 만났기 때문에 잘 사는 사람도 있고, 원하는 사람을 만났기 때문에 불행해지는 사람이 있고, 원하지 않는 사람을 만났는데 뜻하지 않게 좋아지는 사람이 있지요. 정해진 것이 아닙니다. 원하는 사람을 만나면 좋고, 원하지 않는 사람을 만나면 불행해진다는 법은 없습니다.

원하는 사람을 만나 결혼하고 싶다는 것은 바라는 것이 많다는 얘기입니다. 그렇기 때문에 결혼을 해서 살아보면 열에 아홉은 실망하게 되어 있습니다. 그러니까 연애해서 결혼하는 것이 중매 결혼보다 나을 게 하나도 없어요. 이혼율을 조사해 보면 연애 결혼한 사람의 이혼율이 훨씬 높습니다. 연애해서 결혼했다는 것은 원하는 것이 훨씬 많다는 거니까 그만큼 실망이 큽니다.

그 다음, 원하지 않은 결혼을 해서 실패하는 것은, 조금만 불만이 있어도 '억지로 결혼을 해서 결국 이런 일이 생기게 된 것 아니냐.' 하면서 그 선택에 대해 책임을 안 지려고 하기 때문입니다. 내가 원하지 않은 사람하고 결혼했다는 이 한 가지 생각에 빠져서 그것을 붙들고 있기 때문에 불행해지는 것이지 그 사람이 나빠서 그런 것은 아닙니다. 원하는 사람하고 결혼을 하면 '부모가 그렇게 반대하는 걸 무릅쓰고 결혼했는데 네가 나한테 이럴 수 있느냐.' 하고 생각해서, 그것이 불씨가 되어 마찬가지로 못살게 되는 것입니다.

그러니 어떻게 살아야 하느냐? 원하는 사람하고 이루어졌으면 '내가 그렇게 바라던 사람과 결혼했으니 내 소원이 성취됐다. 그러니 앞으로 내 인생은 당신을 위해서 다 바치겠다.' 이런 마음을 내면 일이 잘 됩니다. 또 원하지 않은 사람하고 결혼했으면 그 사람한테 바랄 것이 전혀 없지요. 내가 그 사람을 사랑하지도 않으면서 결혼을 했으니 미안하잖아요. 그러니까 늘 미안한 마음을 가지고 그 사람을 위해서 아무 바라는 마음 없이 최소한의 예의만 지켜줘도 문제없이 잘 살게 됩니다. 아무 것도 바라는 게 없으면 하는 일마다 고맙게 느껴지니 정이 드는 것입니다. 사람은 자기한테 잘해주면 마음이 확 바뀝니다. 남녀가 산다는 것이 아무 것도 아니거든요. 한 번도 만나지 못하고 알지 못했던 사람들이 여기 절에 함께 살면서 서로 아끼고 어려우면 돌봐주며 살듯이 부부가 그 정도만 하면 아무 문제가 없습니다. 그런데 서로 죽도록 사랑해야 하고 너 아니면 죽는다는 식의 환상과 기대를 가지고 결혼을 생각하기 때문에 인생이 불행해지는 겁니다.

인생이라는 것은 그냥 사는 것입니다. 서로 따뜻하게 해주다 보면 정이 들고 고맙고 눈물이 나고 해서 가슴이 뜨거워지는 것입니다.

아무것도 바라는 게 없으면
하는 일마다 고맙게 느껴지니
정이 듭니다.

남편 때문에
재산도 잃고 건강도 잃어
억울합니다

십 년 전에 남편이 바람을 피워서 헤어졌습니다. 사과를 하여도 받아들일 수가 없었습니다. 제가 가진 재산은 시숙이 다 팔아먹었습니다. 현재 저는 위암 말기 환자입니다. 자식들에게 없어진 재산에 대해 얘기해 주어도 지난 일이니 잊으라며 걱정해 주지 않습니다. 그래서 더욱 억울하고 없어진 재산도 너무 아깝습니다.

이분은 결국 남편을 잃고, 재산을 잃고, 건강까지 잃었는데 왜 이렇게 됐을까요? 부처님 말씀에 '비구들이여, 제1의 화살을 맞을지언정 제2의 화살은 맞지 마라'는 말이 있어요. 어리석어서 한 번은 화살을 맞을지언정 두 번, 세 번 맞지는 말라는 얘기입니다. 남편을 잃을지언정 재산을 잃지 않든지, 재산을 잃어버렸다 하더라도 남편은 잃지 않든지, 재산과 남편을 잃었다 하더라도 건강은 잃지 않아야 했는데 안타깝군요. 지금 남편 잃고 재산 잃고 건강까지 잃어버렸네요.

지금이라도 지혜롭다면 아직 남아 있는 무엇인가를 잃지 않을 수 있습니다. 남편을 잃었을 때는 세상을 다 잃은 것 같았고, 재산을 잃었을 때는 더 이상 잃을 게 없을 것 같았겠지요. 그러나 그때는 건강이라도 있었지요. 그때라도 지혜로웠다면 건강이라도 지킬 수 있지 않았을까요?

만약에 이분이 처음에 현명하셨다면 남편이 바람을 피우지 않게 할 수도 있었습니다. 남편이 바람을 피우지 않게 하는 것은 남편의 요구가 뭔지를 잘 알아 살피는 겁니다. 바람을 피웠을 때는 나름대로 뭔가 부족함이 있었기 때문에 그랬을 겁니다. 그것이 무엇인지 우리로서는 알 수가 없지요. 그러나 같이 사는 사람은 조금만 관심을 가지면 알 수 있습니다. 성적인 불만 때문이든, 어릴 때 사랑의 결핍으로 인한 것이든, 무언가 부족함이 있었기 때문에 방황했을 겁니다. 그것을 잘 살펴 다독여줬다면 남편의 외도를 막을 수 있었을 겁니다.

그러나 미처 그것을 살피지 못했지요. 남편이 바람을 피웠을 때 이 분은 자기가 옳다는 생각에만 사로잡혀 있었기 때문에 좋은 기회를 놓쳐 버렸습니다. 그 때 '나는 잘한다고 했는데 무엇인가 부족했구나. 그것이 무엇이었을까?' 하고 생각했다면 자신에 대해 깨달을 수 있는 기회가 되었을 겁니다. 남편이 정말 잘못해서 사죄하는 입장이고 부인이 큰 소리 칠 입장에 있었을 때, 오히려 부인이 엎드려 절을 하면서 "여보, 미안해요. 내가 나름대로 노력은 했는데 당신을 만족시키지 못해서 미안합니다." 이렇게 했더라면 이 문제는 한 번의 화살로 끝났을 겁니다.

그런데 내가 잘했다는 생각에 사로잡혀 있었기 때문에 용서하지 않으셨지요. 그래서 끝까지 미워함으로써 누가 괴로워졌습니까? 자신이 괴로워졌지요. 결국 나와 함께 산 내 남편을, 내 자식의 아버지를 내가 평생 미워하고, 그 속에서 아이들은 부모의 갈등 때문에 방황하게 되었지요. 이것이 제1의 화살입니다.

두 번째는 재산 문제입니다. 이미 재산은 어떤 이유에서든 날려 버렸습니다. 그런데 그것을 아까워해서 속이 상했어요. 속이란 게 위를 말하지요. 그래서 제1의 화살을 맞는 것에서 끝나지 않고 결국은 건강을 해치는 제2의 화살을 맞은 거예요. 돈을 찾을 수 있다면 다만 찾기 위해서 애쓰지, 속상해 할 필요는 없습니다. 이미 찾을 수 없게 된 재산을 찾으려 애쓰는 건 어리석은 일입니다. 그것은 이미 사라져버린 것입니다. 그런데 찾으려고 애쓰는 것은 마치 꿈속에서 뱀에게 쫓기는 것과 같고, 신기루를 쫓는 것과 같고, 허공에 있는 헛것을 잡으려는 것과 같습니다. 그래서 결국은 자기의 건강을 해쳐버렸지요. 이제 죽음이 눈앞에 온 지경에 이르렀습니다. 여기에서 계속 집착하게 되면 그나마 남아 있는 명도 더욱더 단축됩니다.

이렇게 해서 죽는다고 끝나는 것이 아닙니다. 원한이 맺혔기 때문에 결국은 무주고혼이 됩니다. 모든 것을 놔 버리고 염불을 했으면 극락정토에 태어날 텐데 결국은 그 한 때문에 여기를 떠나지 못하고 무주고혼이 되어서 지금 이생에서보다 훨씬 더 긴 세월 동안 훨씬 더 심한 고통을 겪어야 합니다. 영가가 되어도 법문을 듣고 한을 놓아 버리면 될 텐데 그 때도 놓지 못하고 이 세상에 다시 태어나 결국은 원수를 갚을 겁니다.

그러면 새로운 원결이 맺어집니다. 즉 새로운 생에서 사람들은 과거에 자신이 진 빚을 갚는다는 생각을 할 수가 없지요. 아내가 바람을 피우거나 재산을 빼앗기는 과보를 받게 되겠지요. 그러면 이분이 겪는 것과 같은 한을 또 갖게 될 것이고 그 한이 또 이분에게로 돌아오면 이 분은 이 생의 고통보다도 훨씬 더한 고통을 또 겪게 됩니다. 원수를 다음 생에라도 갚아야겠다는 한을 품어서 다음 생에 그 원수를 갚으면 상대방의 입장에서 볼 때는 날벼락이지요.

그렇다면 내가 어느 날 당한 이 날벼락은 나도 모르는 그 전생에 내가 가져갔던 재산을 상대가 찾아가기 위한 것이고 내가 준 고통을 되돌려 주기 위한 것이라고 유추해 볼 수가 있지 않습니까? 이렇게 원수를 갚고, 또 원수를 갚고 하는 것이 과연 현명한 삶입니까?

그래서 부처님께서 원망을 원망으로 갚지 말라고 하신 겁니다. 그러니 일이 벌어졌을 때 '제가 진 빚은 이것보다 훨씬 더 많을 텐데 이 정도만으로 빚이 다 갚아진다면 이제 저는 만족입니다.' 이렇게 마음을 냈으면 원결은 여기서 끝나고 병고를 자초하지 않았을 겁니다.

우리는 우리가 지은 인연의 과보를 받는데, 그 지은 인연을 알지 못하기 때문에 과보를 받으면 늘 억울해 합니다. 지은 인연을 알면 억울하고 분할 일이 없습니다. 불자라면 인연 과보를 믿어 억울하고 분한 일을 당해도 기꺼이 받아들여야 합니다. 감사히 받아들여야 합니다. 그리고 이러한 과보가 내가 바라는 바가 아니라면 다시는 그런 인연을 짓지 말아야 합니다.

그런데 질문하신 분은 이런 과보를 받기가 너무나 억울하다고 말하고 있어요. 지은 인연을 모르기에 이 과보를 받아들이지 못하고, 이 과보들이 너무나 억울하다고 거부하면서, 또 이런 과보를 자초하는 인연을 짓고 있습니다. 그러니 정말로 어리석네요. 지금이라도 자신의 어리석음을 뉘우치세요.

그런데 여기서 공부가 또 잘못되면 '왜 내가 이렇게 바보같이 살았느냐? 나 같은 건 죽어야 돼.' 하고 자기를 학대하는 쪽으로 가기 쉬운데, 그러면 안 됩니다. 다만 '내가 어리석었구나. 부처님 말씀 듣고 보니 아, 내가 바보 같았구나.' 이것으로 끝나야 합니다.

지은 인연의 과보는 피할 수 없다고 했습니다. 서로 빚지고 빚 갚는 행위의 반복을 여기서 멈추어야 합니다. 멈춘다는 것은 참고 견디는 것이 아니라 벗어나는 것입니다. 시숙에 대해서는 '아, 이것으로 빚이 갚아진다면 얼마나 좋을까?' 라고 생각하고, 남편에 대해서는 자신의 부족함을 참회함으로써 여기서 윤회의 고통을 끝내야 하는 겁니다. 그랬을 때 비록 오늘 죽더라도 인연의 과보, 윤회의 바퀴에서 벗어날 수가 있습니다. 육신을 버리는 순간 다시는 그런 인연의 사슬에 묶이지 않는 곳으로 가는 거죠. 나보다 더 잘사는 사람들도 이런 이치를 깨치지 못해서 세세생생 돌고 도는데, 남편과 시숙으로 인해서 이 인연의 이치를 깨칠 수 있었고 결국 해탈할 수 있었기 때문에 그 분들에게 감사하는 마음을 가질 수가 있는 거지요. 재물이라고 하는 작은 이익을 잃음으로써, 또는 그 수많은 인연 중에 한 생에 잠시 스쳐간 남편이라고 하는 그 인연으로 인해서 해탈을 한다면, 이것은 참으로 작은 이익을 잃고 큰 이익을 얻는 것과 같습니다.

작은 이익에 집착하는 것은 마치 물고기가 낚싯밥을 무는 것과 같고 쥐가 쥐약을 먹으려는 것과 같습니다. 인생은 여기에서 끝나는 것이 아닙니다. 이생의 삶은 찰나에 불과하고 우리가 살아야 할 삶은 앞으로도 그것보다 수억만 배로 더 진행될 텐데 왜 이 찰나에 집착해서 나머지 생마저도 버리려고 합니까? 남편의 행위에 집착해서 이생을 괴롭게 보냈듯이, 재물에 집착해서 한 평생을 한으로 보냈듯이, 남아 있는 자기의 수명마저도 즐기지 못하고 병든 몸으로 생을 마감했듯이, 그 한을 갖고 가게 되면 앞으로 남은 수많은 생에서도 삼악도를 벗어날 수가 없습니다.

살아온 삶의 어리석음을 돌이켜 깨치면 앞으로 수많은 생을 행복하게 살 수 있습니다. 그러니까 병든 몸도 한탄할 것이 못 됩니다. 지금 부처님의 말씀을 듣고 뉘우쳐 깨치는 것이 가장 중요합니다. 그렇게 할 때 이미 상처를 입은 아이들의 마음도 치유할 수 있습니다.

"애들아, 엄마가 지난 몇 십 년 동안 잘못 생각했구나. 지금 내가 돌이켜보니 너희 아빠만 잘못했다고 할 수가 없다. 내가 참 부족한 게 많았다." 이렇게 해 줌으로써 그들 가슴 속에 맺힌 아빠에 대한 원망을 풀어 줄 수 있습니다. 삼촌에 대한 서먹서먹함을 풀어 줌으로써 아이들이 삼촌을 편하게 만날 수 있게 해 주어야 합니다. 엄마가 이렇게 한을 갖고 죽게 되면 그들은 일가 친척의 모임에 삼촌이 온다고 하면 가지 않으려 할 것이고, 가도 괴롭겠지요. 이렇게 해서 내 사랑하는 아이들의 삶을 제한하고 속박하게 됩니다. 나로 끝나는 것이 아니라, 아이들의 삶마저 속박합니다. 그 아이들이 자라서 그들 가슴에 맺힌 한을 또 자식들에게 넘겨주게 되겠지요.

이분의 말을 들으니 안타깝고, 진심으로 위로의 말을 전하고 싶네요. 그러나 그런 방식으로는 이 문제가 해결되지 않습니다. 그 고통이 확대 재생산될 뿐입니다. 그러니 엎드려 참회해야 합니다. 남편에게는 자신이 속이 좁아서 남편을 받아들이지 못하고 미워한 것에 대해서 참회해야 하고, 시숙에게는 '내가 빚 갚은 것인 줄 모르고, 그 돈이 내 돈인 줄 잘못 알았습니다. 당신을 미워한 것을 참회합니다. 이것으로 빚이 다 갚아진다면 얼마나 좋겠습니까? 감사합니다.' 이렇게 해야 합니다. 이렇게 해서 속에 맺힌 것이 사라질 때 건강이 좋아집니다. 이렇게 풀면 내일 죽어도 아무런 한이 없게 됩니다. 그러면 어쩌면 기적같이 병이 나을 수도 있습니다. 그러니 그렇게 기도를 하셔야 합니다.

이미 사라진 것을 찾으려는 것은
꿈속에서 뱀에게 쫓기는 것과 같고,
신기루를 쫓는 것과 같고,
허공에 있는 헛것을 잡으려는 것과 같아요.

아이를 위해서라도
이혼해야 할까요?

남편이 3년 이상 저를 따라다니며 결혼해 달라고 졸랐어요. 그걸 계속 외면하는 건 사람을 너무 괴롭히는 것이라는 마음에서 결혼을 했는데, 결혼 생활을 하면서 처음 그 마음이 완전히 버려지지가 않습니다. 아이가 둘 있는데, 큰아이와 남편 사이가 좋지 않습니다. 남편이 아이를 많이 힘들게 해서 아이도 힘들고 저도 힘듭니다. 이제는 '아이를 위해서라도 헤어지는 게 좋지 않을까?' 하는 마음이 생깁니다.

아직 같이 사세요, 아니면 별거 중이세요? 같이 살기 힘들면 오늘 집에 가서 정리하고 '안녕히 계십시오.' 하고 정리하세요. 헤어져도 또 그런 대로 살게 마련입니다.

그런데 그렇게 해도 해결되지 않고 남는 일은 엄마와 아이 사이의 갈등입니다. 남편과 겪은 갈등보다 열 배 이상 많은 갈등이 앞으로 질문하신 분과 아이 사이에 있을 것입니다. 남편과 헤어지면 아이로 인해 겪을 괴로움이 남편으로 인한 괴로움보다 훨씬 더 크고 오래 갑니다. 남편은 이혼해서 갈라서면 되지만 아이하고는 갈라설 수가 없습니다. 헤어지면 처음 1년 동안은 괜찮겠지요. 그러나 곧 아이와 갈등이 심각해질 것입니다. 그러니 그걸 알고 선택하면 됩니다.

엉킨 실타래를 푸는 방법은 두 가지입니다. 하나는 칼로 딱 잘라 버리는 방법이고, 다른 하나는 하나하나 풀어내는 방법입니다. 칼로 잘라 버리는 방법은 집에 가서 남편에게 "안녕히 계십시오." 하고 내일부터 여기 절에 들어와 사는 겁니다. 여기 들어와서 가정 불화로 고통 받는 아이들을 돌봐주고, 부부 갈등으로 괴로워하는 사람들을 위해 일하는 것입니다.

그런데 도저히 그렇게 하지 못하겠다면 이제는 엉킨 실타래를 하나씩 풀어내야 합니다. 이건 쉬운 일이 아닙니다. 그러나 아무리 얽히고설켜 있어도 하나씩 풀어내면 언젠가는 풀리게 되어 있습니다. 남편과 처음 만나던 때로 돌아가서,

그 때부터 지금까지 엉킨 것을 하나하나 풀어내야 합니다.

자식은 나와 남편과의 인연의 과보입니다. 남편과 아이의 갈등이 심각하다고 했는데, 사실 이 문제의 핵심은 나와 남편의 갈등입니다. 이것은 이혼한다고 해서 해결되지 않습니다. 오히려 아이로 인한 괴로움이 더 커집니다. 왜냐하면 같은 인연의 줄에서 일어난 일이기 때문입니다.

이것은 결혼하기 전, 남편을 처음 만나던 때로 돌아가서 풀어야 합니다. "여보, 제가 정말 잘못했어요. 내가 당신 마음을 헤아리지 못하고 내 마음대로 해서 당신 마음을 너무 아프게 했어요. 그래서 당신이 그 화를 못 이겨 아이와 다투니 모두 다 제 잘못입니다. 여보, 이제 마음 푸세요." 이렇게 남편에게 절을 하면서 끊임없이 참회해야 합니다. 그리고 남편이 뭐라고 하든, 거기에 영향을 받지 말고 "여보, 죄송해요. 저 때문에 또 화나셨군요. 죄송해요." 이렇게 어린애 달래듯이 달래야 합니다. 남편과의 갈등은 1년 정도면 풀리겠지만, 아이가 좋아지려면 적어도 3년은 그렇게 해야 합니다. 그렇게 하지 않고는 해결이 불가능합니다. 도망을 가더라도 세세생생 인연의 끈이 따라다닙니다. 깊은 바다나 산 속에 숨어도 지은 인연의 과보는 피할 수가 없습니다.

전생 얘기는 할 필요도 없고, 지금 생에서만 한번 살펴봅시다. 남자가 어떤 여자를 좋아하는데 그 사람이 안 받아줘서 몇 년이나 애태우며 따라다니다가 마침내 목표가 달성되었다면, 그 마음이 어떨까요?

자기를 받아준 것을 고마워하며 평생 상대를 위해 헌신하는 마음이 될까요? 그러면 좋겠지만 사람 마음이 대부분 그렇지 않습니다. '내가 너 때문에 3년이나 고생했으니 이제 네가 나에게 할 차례다.' 이런 마음이 되는 게 보편적인 사람의 심리예요. 그동안의 세월을 보상받고 싶은 것이지요.

그러니 누가 목숨 걸고 매달릴 때는 인정사정없이 딱 잘라야 합니다. 그래야 과보를 피할 수가 있어요. 이건 우스갯소리가 아닙니다. 목숨 걸고 따라다닐 때는 엄청난 기대가 있습니다. 한눈에 반했다는 건 횡재한 것 같은 느낌이거든요. 그러니 그럴 때는 절대로 받아들이면 안 됩니다. 그리고 만일 그걸 받아들이려면 그 사람의 기대에 맞출 각오를 해야 합니다. 그가 나를 천사로 보면 천사가 되고, 그가 나를 부처로 생각하면 부처가 되어야 합니다.

'이 사람을 너무 괴롭히는 것 같으니 결혼하자.' 이런 생각으로 받아들였다고 하는데, 그건 착각입니다. '이렇게까지 따라다니니 나한테 잘하지 않겠나.' 하는 마음으로 결혼을 한 거예요. 그런데 그 사람 마음은 그렇지가 않습니다. 그러니 이 이치를 깨닫고 그 사람의 종이 되어 주어야 합니다. 결혼하는 순간부터 "여보, 나 때문에 그동안 얼마나 애를 쓰셨어요. 죄송해요. 제가 금방 받아들일 건데 당신을 3년이나 고생시켜서 미안해요." 하고 그가 원하는 것은 무엇이든지 할 마음을 내야 합니다. 그런데 그게 쉽지 않은 일이니 문제가 생긴 것입니다. 남편은 고지를 점령했으니 '내 할 일 다 했다.' 하고 이제 바라기만 하고, 아내는 '네가 그렇게 따라다니니 동정해서 결혼해줬다.'고 생각하니 서로 맞을 수가 없습니다. 둘 다 어리석은 것이지요.

그렇게 따라다녀서 결혼을 해 줬는데, 이분 생각에는 남편의 마음이 변했다는 생각이 들겠지요. 그러나 남편의 입장에서 생각해 보세요. 기를 쓰고 고지를 점령해놓고 보니 별것 아니에요. 그러니 얼마나 실망이 크고, 얼마나 화가 나겠어요? 이렇게 실망하고 후회할 때 아이가 생긴 것입니다. 마음속이 상대에 대한 미움으로 가득 차 있을 때, 아이를 갖고 아이를 낳아 키우니 그 아이의 마음이 어떻겠어요? 미움의 씨앗으로 아이가 생기고 자란 것이지요. 그러니 이렇게 하려면 아이를 낳지 말아야 합니다.

그런데 살면서 계속 '남편은 인간이 아니다.' 하고 생각하니, 그 마음이 남편에게 전해지겠지요. 남편 입장에서는 아마 엄청나게 화가 치솟을 것입니다. 남편이 화를 내고 소리를 지를 때마다 아이를 껴안고 속상해하니 아이 마음이 어떻겠어요? 어릴 때 아이들은 대부분 엄마 편입니다. "해도 너무 한다. 저게 인간이야." 하는 엄마의 말을 듣고 자라면서, 아이는 아버지에 대한 미움을 키웁니다. 설령 그렇게 말하지 않아도 그 마음이 아이에게 그대로 전해집니다. 그러니 아이와 아버지는 철천지원수가 되는 것이지요. 그런데 남편과 갈라서면 이제는 그것이 모두 엄마에게 돌아옵니다. 아이 마음속에는 미움과 분노가 가득합니다. 그것이 터지기 시작하면 누구도 감당하기 어렵습니다.

그러니 이혼한다고 해서 이 문제가 해결되는 게 아닙니다. 이 문제를 근본적으로 해결하려면 참회 기도를 해야 합니다. '그 마음이 얼마나 아팠겠나.' '그 사람은 나한테 그런 걸 기대했는데 내가 그 마음을 헤아리지 못하고 내 바라는 것만 생각해서 얼마나 실망이 컸을까?' 이렇게 기도해야 합니다. 참회 기도를 하면 남편과의 갈등은 그래도 빨리 풀릴 것입니다. 그러나 아이는 더 오래 해야 풀립니다. 아주 어릴 때 형성되어서 그 뿌리가 더 깊기 때문이지요.

지금 남편은 가슴속에 쌓인 것이 많습니다. 아내에게 소리 지르고 폭력을 휘두르고 싶은 걸 자식에게 하는 것입니다. 그러니 남편이 아이를 야단치거나 때릴 때마다 마음으로 뉘우치면서 "여보, 제가 잘못해서 그래요." 이렇게 달래야 합니다. 그동안의 잘못을 뉘우치고 남편을 공경하는 마음을 내면서, 다른 한편으로는 남편에 대한 기대감을 버리고 늘 보살피는 마음을 내야 합니다.

한눈에 반했다는 건 횡재한 것 같은 느낌이지요.

그럴 때는 절대 받아들이면 안 됩니다.

그걸 받아들이려면 그 사람의 기대에 맞출 각오를 해야 합니다.

아내가 기독교인이어서
갈등이 생깁니다

제 아내는 기독교인입니다. 목사님 밑에서 상당히 체계적으로 공부하는 기독교인인데, 저는 불교에 관심을 갖게 됐습니다. 집사람뿐 아니라 목사님들까지 십 년 정도 저를 위해서 기도를 해 왔는데, 저는 기독교에 크게 끌리는 바가 없습니다. 집사람과 좋을 때는 별 문제가 안 되는데, 집사람 기분이 나쁘거나 할 때 제가 불교 서적을 보면 아주 갈등이 심해집니다. 극단적인 데까지 갈 때도 있는데, 그런 것들을 제가 어떻게 해결해야 할지 모르겠습니다.

기독교를 믿자고 그 사람들이 애를 써도 내가 안 끌리니까 안 받아들여지지요? 그런 것처럼 아내는 정반대로 '기독교가 제일이다. 기독교를 안 믿는 사람은 참 불쌍한 사람이다.' 이런 생각을 하고 있습니다. 그러면 그걸 인정하고 존중해 주는 게 필요합니다.

'너는 왜 그렇게만 생각하느냐? 다 종교의 자유가 있지 않느냐? 너만 믿으면 되지, 왜 나까지 믿으라고 그러냐?' 라고 생각하지 말고 '아내에게는 기독교를 믿을 자유가 있고, 또 기독교를 믿고 저는 좋다고 생각하니까 나보고 믿어라 할 자유도 있다.'고 생각하세요. 나쁘게 생각하지 말고 고맙게 생각하세요.

목사님이 와서 얘기하면 "이렇게 관심을 가져줘서 고맙습니다. 그렇지만 신앙이란 것은 자기 양심인데, 귀찮다고 '에이, 교회 가자' 하고 선택해서 될 일이 아니잖아요? 그러니까 '아, 하나님이 계시는구나, 하나님을 믿어야 되겠다, 예수님을 따라야 되겠다.' 하는 마음이 내 속에서 일어날 때까지 조금 기다려 주시고, 저를 위해서 더 열심히 기도를 해주십시오." 이렇게 오히려 고맙다고 이야기하고 상대방의 심정을 이해하세요.

상대의 심정을 이해해 버리면 누구 가슴이 편합니까? 내 가슴이 편합니다. '저 여자는 왜 저러나?' 하고 생각하면 누구 가슴이 답답합니까? 내 가슴이 답답합니다. 그건 나한테 손해지요. 그 사람이 하는 행동과 생각을 이해해 버리면 내 가슴이 후련합니다. 이게 바로 내가 나를 사랑하는 법입니다. 남을 이해하는 것이 바로 나를 이롭게 하는 겁니다.

그렇게 오히려 적극적으로 마음을 열고 받아들이세요. 받아들인다고 해서 무조건 그 사람 말대로 따라가라는 것은 아닙니다. 내 양심이나 내 마음에 들지 않으면 나는 내 마음대로 할 자유가 있습니다. 겉으로만 굽히고 사는 것은 나를 행복하게 하는 게 아니잖습니까? 억지로 참고 가게 되면, 다니면 다닐수록 교회에 대해서 자꾸 불만이 생깁니다. 잘못하는 것만 자꾸 눈에 보이게 됩니다. 좋아서 가면 좋은 게 자꾸 눈에 보이는데, 싫은데 억지로 가면 못된 것만 자꾸 보여서 오히려 앞으로 교회로 가는 걸 막는 꼴이지요.

그러니까 이런 이치를 명확하게 알되 상대가 그렇게 하는 것을 이해하고 받아들이십시오. 그래서 인정을 하라는 겁니다. 그렇게 마음을 내시면 무엇보다도 본인의 마음이 편안해질 겁니다.

그리고 본인이 절에 나오고 싶거나 불교 공부하고 싶으면 천하가 뭐라 하든 구애받지 말고 그냥 하시면 돼요. 그래서 갈등이 생기면 1년에 한 번 정도는 강하게 얘기할 수도 있겠죠. "말이 안 되지 않느냐, 어째 너만 옳고 세상은 다 틀리냐?" 이렇게 할 수 있지만, 부부가 되어 살면서 일상적으로 그리 다툴 순 없잖아요. 그러니까 "왜 불교 책을 보느냐?" 그러면, "예, 알았습니다." 하고 받아들이면 돼요. '저 사람은 성경만 옳다고 믿는 사람이니까 다른 경을 보는 것은 아주 큰 손해고 나쁘다고 생각하는구나.'라고 생각하면 됩니다. 남편을 미워해서 그런 게 아니고 자기 나름대로 남편을 걱정해서 하는 말이니까 그냥 받아들이란 말이에요. 그 자리에서 대결하지 말고 "아, 그래. 네 말도 일리가 있다. 그래도 참 재미가 있으니 조금 더 보고 나중에 치울게." 이런 식으로 넘어가면 돼요. 아내가 나를 인정 안 하는 것을 가지고 "너는 도대체 왜 그러냐?" 하는 것은 정법이 아닙니다. 상대를 인정하자고 할 때는 상대가 나를 인정하지 않더라도 나는 상대를 인정하는 게 나의 도리, 나의 법에 맞는 겁니다.

그러니까 상대가 인정하지 않는다고 내가 상대를 문제 삼으면 부처님의 가르침에 맞지 않습니다. 그 사람이 기독교를 주장하면서 기독교적이지 않은 것처럼, 나 또한 불교를 주장하면서 불교적이지 못하다는 겁니다. 불교적이라는 것은 상대를 인정하는 겁니다. 그럴 때는 아내가 어떻게 하든 나는 편안할 수 있습니다. 내가 편안하면 아내 또한 나중에 편안해집니다.

부인이 어려움에 부딪힐 때가 반드시 생길 겁니다. 부인도 교회에 대해서 실망할 때가 있고, 회의적인 생각을 할 때도 있을 겁니다. 부부가 늘 대립하면 실망과 회의가 있을 때 털어놓지 못합니다. 왜? 자기가 지는 게 되기 때문에 말할 수 없지요. 그래서 아내가 바뀔 수 있는 기회를 내가 차단해 버리는 결과가 됩니다.

그렇기 때문에 내가 열어 놓으면 아내가 회의하거나 실망하는 시기에 그에 대해 나한테 상담을 하게 됩니다. 그럴 때 '때는 왔다.' 하고 생각하면 안 됩니다. 그럴 때 "그렇게 생각하면 안 된다. 목사를 나쁘게 생각하면 안 된다. 교회의 그런 점을 나쁘게 생각하면 안 된다. 네가 여태까지 얼마나 좋아했느냐? 그걸 나쁘게 생각하면 네 신앙이 흔들리지 않느냐?" 이렇게 오히려 더 기독교적이 되도록 조언해 주고 도와주어야 합니다. 그러면 그 사람은 문제의 본질을 깨닫게 됩니다. 이 때부터는 교회에 다녀도 이미 예전의 기독교인이 아닙니다. 또한, 생각을 바꿔서 남편과 같은 신앙을 가질 수도 있습니다. 그가 몸을 기독교에 둬도 사는 데 아무 지장이 없게 됩니다. 그런 방식으로 문제를 하나하나 풀어 가는 게 좋습니다. 아내만 문제가 아니라, 거사님도 지금 그런 아내를 인정하지 않기 때문에 갈등이 지속되는 겁니다.

시동생이
부아를 돋웁니다

저희 막내 시동생에게는 장애가 조금 있습니다. 나이가 마흔 여덟 살인데 아직 장가를 못 가고 어머니하고 둘이서 삽니다. 그래서 저는 늘 '내가 지었던 인연으로 만났구나.' 라고 생각하고 잘하려고 무척 애를 쓰는데도 시동생이 꼭 어긋나는 짓만 하니, 어떨 때는 열이 팍팍 오릅니다. '내가 끝없이 잘해야지, 업을 닦아서 다음에는 안 만나야지.' 라고 생각하면서 최선을 다하려고 하는데, 시동생이 자꾸 제 부아를 돋웁니다. 이해가 안 되는 짓도 종종 하고 도덕적으로 옳지 않은 행동도 잘 합니다. 날마다 부처님한테는 삼천 배를 하는데 시동생한테 하는 것은 안 됩니다. 그런데 두 달 전에 시어머니가 갑자기 편찮으셔서 입원하고 한 달이 딱 지났는데, 제가 또 눈이 아파서 수술했습니다. 그래서 왜 이런 일이 자꾸 생기는가 싶어서 제 나름대로 영가 천도를 해야 할까 보다고 생각했습니다. 요즘은 금강경을 하루에 두 시간씩 읽습니다. 제게 꼭 맞는 기도문을 주시면 그 기도라도 해 보겠습니다.

화를 내지 말아야겠다고 참아서는 안 됩니다. 보살님은 뭐든 참고 억누르고 결심하고 그러지요? 잘해야겠다고, 참아야겠다고 결심하는데 결심하거나 참는 것은 수행이 아니에요.

'일어나야지, 잘해야지, 참아야지.' 이런 것은 수행이 아니에요. 그게 수행일 바에야 벌써 수행 다 됐게요. '하나님, 부처님, 이렇게 저렇게 해 주세요.'라고 빈다고 될 바에야 벌써 다 됐고, 내가 '이래야지, 저래야지.' 결심한다고 될 바에야 이 세상 일이 다 됐을 거 아니에요. 지금 보살님은 '내가 참아야지, 내가 잘해 줘야지.' 이거란 말입니다. '왜 화가 날까? 그 사람이 이렇게 말하는데, 그 사람이 이렇게 행동하는데, 왜 내가 화가 날까? 그 사람은 그럴 뿐인데…….' 화가 날 때마다 이걸 다시 살펴봐야 합니다. '왜 화가 나지? 그가 드러눕는데, 그가 고함을 치는데, 그가 화를 내는데 왜 내가 화가 날까? 뭣 때문에 내가 화가 날까?' 이렇게 늘 깊이 관찰해야 합니다. 그러면 그 문제는 금방 해결될 수 있죠.

시동생이 장애가 있으니까 불편할 것 아니겠어요. 그러니 그 사람이 남한테 뭘 느끼겠어요. 열등의식을 느낄 것 아닙니까? 피해 의식이 있을 것 아니겠어요. 그러니까 말하거나 행동할 때 과격하게 하고, 신경질적으로 하겠죠. 그러면 그 사람의 심정을 한번 이해해 봐요. 그의 마음을 이해하면 화를 낼 때도, '아이고, 얼마나 답답하면 저렇게 화를 낼까, 얼마나 불편하면 저렇게 짜증을 낼까.' 이렇게 마음이 돌이켜져서 미움은 저절로 해결되죠. 그런데 보살님은 '저 사람 행동이 나쁘다, 저 사람은 잘못됐다.' 라고 전제하고 있습니다. 그렇게 전제하면서 한편으로는 '내가 전생에 저 사람과 무슨 인연이었기에 이렇게 만났을까. 아이고, 그래도 참으면 다음 생에는 안 만나겠지.' 라고 생각하고 있어요. 이런 생각 속에 들어있는 건 '저 사람은 나쁜 사람이다.' 라는 전제잖아요?

그 사람이 나쁘다 하는 것이 바로 잘못된 것이지요. 그가 잘못됐다는 생각, 그가 문제가 있는 사람이라는 생각이 병입니다. 그에게는 문제가 없어요. 그는 잘못이 없어요. 그는 그렇게 생겼고, 그렇게 말하고, 그렇게 행동할 뿐입니다. 그것을 보고 내가 내 이해 관계나 내 편리에 사로잡혀서 상대를 문제 삼는 거란 말이지요. 문제를 삼아 놓고는 참는다고, 빈다고, 운다고, 결심한다고 그 문제가 해결되지 않아요.

문제가 없는 줄 알아야 합니다. 내가 문제가 있다고 보아서 문제가 있지, 그 사람 편에 서 보면 문제가 없어요. 그 사람은 자기 형편 속에서 자기 나름대로 반응하는 겁니다. 몸이 불편하니까 짜증을 내는 거고, 자기 양에 안 차서 화를 내는 거니까 그 처지를 이해하는 게 중요하단 말입니다.

질문하신 분의 무의식 속에 잠겨 있는 그 사고가 얼마나 잘못되어 있습니까? '내가 이 세상에서 참고 견디고 잘해 주면 다음 생에 저 사람 안 만나겠지, 이렇게 업장을 소멸해 버리면 저 사람 안 만나겠지.'라는 생각 속에는 '저 인간 두 번 다시 꼴도 보기가 싫다.'라는 게 전제되어 있잖아요? '저 인간 나쁜 인간이다, 그러니까 나는 저 사람 보기 싫다, 내가 이생에 애를 좀 쓰면 다음 생에는 안 볼 거다.' 하는 생각이 있는 거지요. 여기에는 벌써 그 사람에 대한 미움이 가득 차 있습니다. 그렇기 때문에 이것은 아무리 결심해도 해결될 수가 없죠.

사람들이 불교를 잘못 이해해서 전생 타령을 참 많이 합니다. 부부가 같이 살다 보면 서로 성격이 다르고, 견해가 다르고, 취미가 다르지요? 그때 각자 자기를 고집하면 다투게 됩니다. 자기 식대로만 하려고 하면 다투게 되지요. 그러면 갈등이 생기고 괴롭죠. 괴로우니까 그 사람 밉죠? 그러니까 '내가 어쩌다 저런 인간을 만났나.' 하고 생각하다가 결국은 '전생에 내가 죄를 많이 지어서 저런 인간 만났나 보다.' 이렇게 생각한단 말이에요.

그런데 상대의 마음을 헤아려서 '아, 저 사람은 취향이 저렇구나, 저 사람은 생각이 저렇구나, 저 사람은 견해가 저렇구나.'라고 생각하면 어떻게 될까요? 그래도 다투고 괴롭고 그럴까요? 나와 다르다는 것을 인정해야 합니다. '나는 이렇게 생각하는데 저 사람은 저렇게 생각하는구나, 나는 이렇게 보는데 저 사람은 저렇게 보는구나, 내 견해는 이런데 저 사람 견해는 저렇구나, 내 취향은 이런데 저 사람 취향은 저렇구나.'라고 상대가 나와 다르다는 사실을 그대로 아는 것이 상대를 인정하는 겁니다. 인정하는 게 상대를 존중하는 겁니다. 상대방을 훌륭하다고 말하는 게 존중하는 게 아니에요. 그 사람 그렇게 생각하고, 그 사람 그렇게 행동하고, 그 사람 그렇게 말하고, 그 사람 취미는 그렇다고 그 사람 자체를 인정하는 것이 곧 그를 존중하는 겁니다.

나는 이것 사고 싶은데 남편이 안 된다고 하면, 내가 하고 싶은 것을 남편이 못 하게 하는 게 아니라, 견해가 다를 뿐인 것이지요. 둘의 요구와 둘의 생각이 다를 뿐인 것이지요. 나는 옳고, 남편은 그른 게 아니고요. '내가 가려고 하는데 못 가게 한다.'는 말은 나는 옳고 남편은 틀렸다는 말인데, 사실은 그저 생각이 다를 뿐이라는 걸 인정해야 합니다.

그렇게 다르니 어떻게 할 것인가는 다음 문제입니다. 다르다는 것을 인정하면 화가 안 나요. 가지 말라고 해도 '응, 나하고 생각이 다르구나.' 이렇게 되지요. 그런데 내가 상대편에게 다 맞출 수도 없고, 상대편이 내 얘기를 다 들어줄 수도 없지요. 그러니 다른 걸 인정하고 나서, 가고 싶으면 가는 겁니다. 아니면 '이번에는 내가 요구를 한번 받아들여서 집에 있자.' 이러면서 있는 겁니다. 이렇게 서로 다르다는 것을 인정해서 수용만 하면 갈등이 사라지죠. 갈등이 사라지니까 관계도 좋아지지요. 관계가 좋아지니까 행복해지지요. 그러면 어떤 생각이 듭니까? '아이고, 내가 전생에 무슨 복을 지어 저런 남자 만났나.' 이렇게 됩니다. 지금 좋으면 전생에 복을 많이 지었다고 생각하고, 지금 나쁘면 전생에 죄를 많이 지었다고 생각합니다. 그러니 그 생각들이 다 어디에서부터 빚어지는 겁니까? 지금에서 빚어졌지요. 전생에서 비롯된 게 아니지요.

시동생이 도덕적으로도 문제가 있다고 했는데, 그 도덕이라는 것도 시대에 따라 바뀌고 보는 사람에 따라서도 달라집니다. 그러니 시동생이 도덕적으로 문제가 있다는 그 생각도 잘못된 거지요. 그 생각을 가진 채로 문제를 해결하려 하면 절대로 문제가 해결되지 않습니다. 애만 쓰지 아무 해결이 안 납니다. 문제가 없는 줄 알아야 합니다.

문제가 없다는 말이 뭡니까? 근본 교리로 말하면 '제법무아'요, 금강경으로 말하면 '범소유상 개시허망'이요, 반야심경 논리로 말하면 '오온개공'입니다. '오온개공 제법무아' 외우면 뭐 해요, 현실에서 그것을 적용해야지.

남편이 술을 마시고 12시에 왔을 때, 늦게 들어왔다거나 술 마셨으니 나쁘다고 하는 것은 누구 생각입니까? 내 생각이지요. 그게 내 생각임을 알아차려서 '내 생각일 뿐이야.'라고 해야지요. 생각은 사람마다 다릅니다. 그렇다고 '내가 이렇게 생각하면 안 되지. 내가 잘못됐다.' 하고 생각하라는 것도 아니에요. 누구 생각이 옳고 누구 생각이 그른 게 아니라, 생각이 다르다는 걸 인정하라는 말입니다.

 사람이 어떻게 생각이 똑같습니까. 다 다르지요. 그런데 우리는 자기도 모르게 자기 생각을 기준으로 놓고 상대한테 틀렸다고 합니다. 자기 생각을 기준으로 놓고 상대보고 빠르다, 늦다 합니다. 이렇게 자기를 중심으로 놓고 보는 데서 만병이 생깁니다. 그게 아상입니다. 그 아상을 버려야 합니다. 병은 나에게 있습니다. 내가 옳다는 견해를 갖고 있기 때문에 생긴 병입니다. 그러니까 가장 확실한 기도문이 무엇이겠습니까? '내 병이다.' 이걸 자각하는 게 가장 빠른 방법이죠. 그러니까 기도를 하려면 엎드려 절하면서 '아이고, 제가 어리석었습니다. 제가 당신의 마음을 헤아리지 못했습니다.' 이렇게 새겨야지요. 내가 옳은 게 하나도 없고, 내가 옳다는 생각이 잘못됐다는 말이죠. 어리석음을 뉘우쳐 참회해야 합니다.

 달이 동산에 뜬 것을 보고 "아, 오늘밤은 달마저 나를 슬프게 하는구나." 시인은 이렇게 읊죠. 얼마나 그럴 듯합니까? 달이 그 사람을 슬프게 했어요? 자기가 달을 보고 슬퍼했어요? 제가 이렇게 물으면 다 "아이고, 자기가 달 보고 슬퍼했죠." 합니다. 그런데 남편이 술 마시고 "야, XX아." 했을 때 남편이 당신을 화나게 했느냐, 당신이 남편 말을 듣고 화가 났느냐고 물으면, "남편이 나를 화나게 했죠." 백이면 백, 다 이렇게 대답합니다. 그런 남편의 행동을 보고 누가 화가 났습니까? 내가 화가 난 거죠. 남편이 나를 화나게 한 게 아니라, 내가 화를 낸 거지요.

시동생한테 무슨 죄가 있습니까? 장애인이 된 것만 해도 억울한데 형수가 '전생에 내가 무슨 죄를 지어서 너 같은 인간 만났나. 이렇게 잘하면 다음 생에 너 같은 인간 다시는 안 만나겠지.' 이런 저주스런 기도까지 하니 어떻게 더 좋아질 수 있겠습니까? 그런 못된 심보를 쓰면 복을 받을 수 없습니다. 기도를 그렇게 하시면 안 됩니다. 제가 좀 세게 얘기했는데, 그렇다고 그 사람이 잘못했다는 기도를 하면 안 됩니다. 내가 잘못 생각한 걸 참회하는 기도를 해야지요. 내 어리석음을, 무지를 뉘우쳐 참회해야 합니다.

내가 잘못 생각한 걸 참회하는 기도를 해야지요.
내 어리석음을, 무지를 뉘우쳐 참회해야 합니다.

어머니한테
쌓인 게 많아요

제가 공부를 잘하다가 못하게 됐거든요. 그랬더니 어머니께서 저를 사람 취급을 안 하셨어요. 어머니께서 저를 사랑해서 그랬다는 것은 아는데, 인격을 무시하니까 그런 게 다 쌓여서 옛날에는 어머니하고 감정이 아주 안 좋았어요. 그런데 제가 아프게 되니까 어머니께서 공부 욕심 다 포기하시고 이제 제 병간호하는 데 정성을 쏟으세요. 제가 예전에 공부를 못하게 되고 병치레를 자꾸 하니까, 어머니께서 제 사주팔자를 보러 가셨나 봐요. 거기에서 자식이 셋인데, 팔자에 자식이 둘밖에 없고 저와 어머니가 서로 상극이라 안 맞는다고 했대요. 그래서 어머니께서는 어머니 일하는 곳에 저를 절대로 안 데리고 가세요. 그런 속상한 일이 떠오를 때면 괴롭습니다.

푸는 방법이 여러 가지가 있어요. 첫 번째는, 딸이 어머니께 맺힌 게 많기 때문에 어머니가 수행을 해서 딸의 모든 것을 감싸 안아주는 방법이에요. 딸이 맺혀 있는 것에 대해 다 들어주고 풀어 주고 이해해 주는 것입니다.

"그 때 그 말을 해서 슬펐구나. 미안하다. 그냥 의미 없이 한 말이었는데……. 네 아픈 마음을 헤아리지 못했다, 미안하다."

이런 식으로 쌓였던 모든 것을 전부 다 드러내어 수용하고 풀어내는 것이지요.

그러나 이 방법은 자기 운명을 어머니 손에 맡기는 겁니다. 어머니가 그렇게 해 주면 좋지만 안 해 주면 해결책이 없어요. 그러면 지금 어머니가 그렇게 해 줄 수가 있느냐? 대부분이 그렇게 해 줄 수가 없어요. 어머니는 나름대로 남편이나 시어머니, 자식한테 걸리고 상처를 엄청나게 많이 받고 있어서 남의 문제를 풀어줄 마음의 여유가 없기 때문입니다.

두 번째 방법은, 딸이 푸는 겁니다. 어머니에게 맺혔던 것을 하나 하나 떠올리면서 어머니 입장에서 다시 바라보는 것이지요. '그 때는 속이 상했지만 오빠가 나보다 나이가 많아 그러셨구나. 어려서 참 어리석었구나. 어머니, 죄송합니다. 제가 그렇게 고집하고 울고불고할 때 얼마나 가슴 아팠습니까?' 이렇게 참회해서 풀어야 합니다.

다음으로, 제3자인 상담자가 어머니를 대신해서 들어 주는 방법이 있어요. 그러나 이것은 그 맺힌 것을 털어놓는 데까지는 도움이 되지만, 급한 불만 끄는 격이지 근원적으로 해결하지는 못합니다.

앞의 세 방법이 엉킨 실타래를 푸는 것이었다면, 네 번째 방법은 엉킨 실타래를 그냥 잘라버리는 겁니다. 존재의 실상을 깊이 관해서 그 '공'함을 확연하게 깨치면, 어머니의 행위와 말은 그냥 공한 겁니다.

'공부 못하니까 어머니가 사람 취급 안 했다'고 믿고 있는데, 그것이 사실인가 생각해 보는 것입니다. 어머니는 그냥 그렇게 말하고 행동했을 뿐인데, 그걸 보고 듣는 내가, '어머니는 내가 공부 못한다고 사람 취급을 안 하는구나.' 하고 인식한 것은 아닌가 하는 것이죠.

제가 그렇게 느끼기도 했지만, 어머니께서도 저한테 사람 취급을 안 해서 미안하다고 하셨는데요.

설령 어머니가 '너는 인간도 아니다' 라고 말했다 하더라도 사실 자신이 인간이 아닐 수 있습니까? 화나니까 그렇게 말하셨을 뿐입니다. 어머니가 그 때 어떻게 말했느냐를 가지고 따져서 사람 취급 안 했다고 생각한다면 이건 공부하는 사람이 취할 태도가 아닙니다. 어머니가 어떤 말을 했든 그건 어머니 마음일 뿐이지 나와 관계없는 얘기입니다.

그 말에 '어머니가 사람 취급도 안 한다.' 는 생각을 일으키지 않으면 자신이 상처를 입지 않아요. 이 생각을 했기 때문에 마음에 상처로 남은 겁니다. 바로 자기 자신이 그렇게 만든 것입니다.

우리는 대부분 화를 버럭 내고는 이렇게 말합니다. '그런 짓을 하는데 어떻게 화를 안 내?' '자식 때문에, 마누라 때문에 못살겠다.' 이럴 때면 상대가 나를 어떻게 해서 화가 난다고 생각합니다. 그러나 조금만 깊이 관찰하면 상대의 말과 행동을 보고 '내가' 화내고 짜증낸 것임을 알 수 있어요.

지금 법문하는 법당에서 휴대폰이 울린다고 합시다. 그러면 그 소리를 듣는 사람들의 반응은 어떨까요. 다 다른 생각을 할 거예요. 사회자는 '저 사람, 내가 몇 번을 얘기했는데도 아직도 안 껐어?' 하고 짜증을 꽉 낼 거고, 뒤에 앉아 법문이 지루하다고 생각한 사람은 그 소리를 듣는 순간 잠이 확 깨면서 재미있다는 마음으로 바뀔 수도 있고, 또 그 앞에 있는 사람은 성질을 더 낼 수도 있겠지요. 전화벨 소리가 나를 화나게 한다 하지만, 전화벨은 그냥 울렸을 뿐이고, 사람들이 어떤 생각을 갖고 있느냐에 따라 그 소리에 화내기도 하고 웃기도 하는 것입니다.

그러니까 어머니가 '사람 취급 안 한' 것이 아니라, 어머니의 말과 행동을 보고 '엄마가 나를 사람 취급 안 하는구나' 하고 내가 한 생각을 일으킨 것입니다. 그 생각을 내가 불러 일으켰기 때문에 괴로운 것입니다. 그것이 내가 일으킨 하나의 망념인 줄 알게 되면 더는 상처가 안 되겠지요. 이것이 근본을 꿰뚫어서 상처를 치유하는 방법입니다. 어느 누구도 원래 상처받을 일은 없어요. 그 사람은 그냥 그렇게 행동했는데 내가 미쳐서 그런 식으로 생각했다고, 이렇게 사물을 정확하게 꿰뚫어 보아야 합니다. 자기 수행은 자기가 뚫고 나가야 합니다.

그리고 '무슨 띠와 무슨 띠는 상극이다' 하는 것은 하나의 문화예요. 예부터 내려오는 하나의 사상, 문화, 종교라 해도 좋겠죠. 그러니 옳다든지 그르다든지 하는 눈으로 보아서는 안 됩니다. 문화는 나라와 종교, 민족마다 다 달라요. 문화 그 자체는 반드시 옳아서 그렇게 내려온 게 아니라, 옛날부터 그렇게 해 오다 보니 지금도 그렇게 하는 겁니다. 예를 들면, 인도의 식사 문화는 손으로 밥 먹는 것을 오래 전부터 해 오다보니 지금까지도 그렇게 하고 있을 뿐입니다.

문화라는 것은 발달되고 발달 안 된 것이라 규정할 성질의 것이 아닙니다. 자연이나 사회, 역사적 조건이 다르기 때문에 다를 뿐입니다. 그러니까 어머니가 갖고 계시는 생각, 사상, 가치관은 존중되어야 합니다. 그것은 옳은 것도 그른 것도 아닙니다. '일체(一切)가 유심조(唯心造)'라 하잖아요. 자기가 마음 짓는 대로 가는 겁니다. 어머니는 마음을 그렇게 짓고 그렇게 사는 거예요. 그런데 본인은 그렇게 짓지 않고 싶다면, 그렇게 안 살면 되는 겁니다. 그것을 가지고 자꾸 맞느냐 틀리느냐를 묻는데, 불법은 맞고 틀리는 것을 가르쳐 주는 게 아닙니다. 세계를 있는 그대로 보고 알아차리는 마음공부를 하라는 것이지요. 옳고 그르고 틀렸다는 것은 망상이고 분별입니다. 망상인 분별을 떠난다는 것은 어떤 것이 옳다 그르다 맞다 틀리다 하는 생각을 쉬어버림을 말합니다.

형제들에게
배신감을 느꼈습니다

저는 외국에 좀 살다가 5, 6년 전에 들어와서 부모님과 같이 사는데, 어머니는 5년 전부터 치매 증세가 있으세요. 아버지가 작년에 중풍으로 쓰러지시면서 집안에 문제가 생겼습니다.

제가 팔 남매 중 여섯째이고, 다 결혼했는데 저만 아직 안 했습니다. 오빠들이나 다른 형제들이 다 미국에 있다 보니 부모님을 모실 사람이 없어 제가 들어왔거든요. 아버지가 쓰러지기 전에는 아주 건강하셔서 경제적인 문제를 다 알아서 처리하셨기 때문에 저는 부모님을 모신 게 아니라, 그냥 옆에 있으면서 오히려 도움을 받았습니다. 그런데 갑자기 아버지께서 쓰러지셨어요. 경제 상황을 잘 모르는 상태로 한 달쯤 되니까 아버지가 빌려 쓰신 돈에 대한 청구서가 막 날아오면서 제가 무척이나 두려움을 느꼈습니다.

그런데 치매가 오기 전에 어머니께서 말씀하시기를, "네가 마흔 다섯 살에 혼자인데 우리가 죽으면 형제들은 다 자기 일로 바쁘니까 너를 도와주기 힘들 것이다. 내 명의로 된 집을 너한테 줄 테니 명의를 바꿔 놓아라." 하셨는데, 저는 그게 명분이 안 섰어요.

저는 들어와서 옷을 만드는 일을 하고 있는데, 그 터전을 마련해 주신 것도 부모님이라서, 다른 형제들이 그런 것을 알면 좀 약오를 것 같았어요. 그래서 어머니가 그렇게 말씀하셨지만 명의 변경을 안 했어요. 그런데 이제 아버지까지 쓰러지시고 이런 저런 데에 빚도 있다는 것을 알게 되고, 집도 벌써 다른 데에 넘어가 있다는 것을 알게 되니까, 어머니 이름으로 된 그 집만이라도 내가 가지고 있어야 부모님을 모실 수 있을 것 같다는 생각을 하게 되었어요.

그 집도 넘어가거나 하면 어쩌나 하는 걱정이 들어서 명의를 제 이름으로 바꾸기로 했어요. 그걸 팔고 계약하는 일을 형제들과 의논했는데, 어떻게 와전됐는지 그 과정에서 얼어터지고 하면서 형제들한테 엄청난 배신감을 느끼고 저는 집을 나왔어요. 어머니, 아버지를 모신다고 생각해서 그 집을 갖겠다고 했는데, 이젠 그걸 가지고 있을 필요가 없어서 다 주고 지금 혼자 나와 있습니다. 그랬는데 일 년쯤 지나니까 그게 큰 상처가 되고 힘들어요. 여기 나오기 전에 즉문즉설 테이프를 서너 개 들었습니다. 그리고 마음이 많이 정리되었어요. 그런데 제가 스님이나 수녀님은 아니지만, 자식 인연도 남편 인연도 없어 이렇게 혼자 사니 아주 홀가분하고 출가한 듯한 느낌이 좀 들거든요. 여기에 대해 말씀해 주시고, 제가 전생에 무슨 일을 했는지 전생을 좀 알고 싶습니다.

형제간의 우애와 재산 중에 무엇을 택하느냐는 자신이 선택할 문제입니다. 형제간의 우애를 중요하게 여기는 사람이라면, 부모님의 재산이 많을 때는 부모 가까이에 가지 않는 게 좋습니다. 형제간의 우애는 다 깨어져도 좋으니까 재산만 선택하겠다고 생각하면 상관이 없어요. 그러나 형제간의 우애가 중요하다 생각하면, 부모님이 재산을 가지고 있을 때는 효도라는 이름으로 자꾸 가까이 가면 안 됩니다.

불효자 소리를 듣더라도 가능하면 밖으로 돌고, 접근 안 하는 게 좋습니다. 그러다가 유산을 다 나누어 가진 후에 부모님을 누구도 모시려 하지 않을 때, 그때 효도해도 늦지 않습니다.

지금 일이 안 풀리니까 전생을 따지는데, 그건 문제가 안 돼요. 이렇게 된 건 현명하지 못했기 때문입니다. 부모님을 핑계로 내 욕심에 눈이 어두웠거나, 어리석어서 이런 화를 자초한 것입니다. 집에 안 들어가는 게 현명한 겁니다. 이제 이걸로 끝내세요.

출가한 느낌이라 말씀하셨으니, 받을 재산이 조금 있다 해도 탁 털어서 형제들에게 줘 버리고 보따리 싸서 여기로 들어오면 1, 2년 지나 우애는 회복됩니다. 그러나 부모가 도와 준 가게라도 꾸리고 살면 당분간은 형제간의 우애를 포기하셔야 합니다. 그건 그 사람들 문제가 아니라, 내가 챙긴 데 대한 과보니까 원망하면 안 됩니다. 내가 어리석었다고 반성해야 합니다. 그렇다고 죄를 지었다는 뜻은 아닙니다. '순간의 잘못이었구나, 어리석었구나.' 이렇게 자기를 바라봐야 합니다. 혼자 사는 것은 전생의 인연 때문이 아니라, 눈이 높아서 그런 겁니다. 눈만 낮추면 열 살 밑의 남자와도, 60대 노인과도 결혼해서 잘살 수 있습니다. 눈만 낮추면 얼마든지 원하는 대로 인연을 맺을 수가 있어요.

나이가 들수록 눈높이를 안 낮추면 결혼하기가 어려운데, 사람심리는 그렇지가 않지요. 스물다섯 살에 선 볼 때 상대가 사법 연수생이다 의사다 했지만, 한참 잘 나갈 때니까 그 정도로는 만족을 못 해서 물리쳤지요. 그렇게 고르다 서른이 됐어요. 그래서 서른이 되어 그런 수준의 상대가 나오면 시집가야 하는데, 더 못 가요. 왜냐하면 '그 정도 수준에 시집가려 했으면 5년 전에 갔지 지금까지 왜 기다렸겠느냐.' 하는 마음이 들기 때문입니다.

이렇게 되면 결혼하기가 더 어려워집니다. 그러니까 혼자 사는 것은 다른 이유가 있어서가 아니라 내가 선택한 겁니다. 혼자 사는 게 좋아서가 아니라, 욕심 부리다가 산토끼 집토끼 다 놓치고 혼자 남은 것이지 이건 출가가 아닙니다. 외로우면 출가한 게 아닙니다. 귀찮아서 집을 뛰쳐나오면, 조금 있으면 허전해서 또 다른 무언가를 잡아야 돼요. 그래서 이 집에서 나와 저 집으로 가기 전의 중간 과정에 있게 되는데, 그건 가출입니다.

출가는 집을 싹 불 질러 버리는 겁니다. 뭘 구하는 게 아니에요. 출가를 하면 작은 방 큰 방을 따질 필요가 없고, 혼자 있든 둘이 있든 따질 필요가 없어요.

같이 살다가 가출하면 처음에는 아주 속이 시원하고 후련합니다. 그런데 시간이 지나면 다시 외로워져요. 외로워지면 또 사람이 따릅니다. 물이 낮은 곳으로 고이듯이 외로우면 남자나 여자가 따라요. 그때 눈높이를 낮추면 만나게 되고 그렇지 않으면 못 만나게 되는 것이지, 전생에 지은 특별한 인연으로 만나는 게 아닙니다.

외로워지는 것은 진정한 출가라 할 수 없습니다. 머리 깎는다고 해서 출가라 말하는 것이 아니라, 이런 것에서 떠나 버리는 것, 다시 말해서 홀가분하다 할 것도 없는 것을 출가라 말합니다. 홀가분하다는 것은 무거운 짐을 지고 있었다는 얘기거든요. 그래서 하는 말인데, 그렇게 떠나 버린 건 좋지만 뭣 때문에 혼자서 작은 방에서 외롭게 살려고 하는 거지요?

그렇게 살려고 한다기보다는 그냥 사는 거죠. 저는 아버지 덕분에 넓은 방에서 살다가 지금은 원룸에 삽니다. 처음에는 아주 힘들었지만, 지금은 추울 때면 가스보일러로 방을 따뜻하게 할 수도 있고, 지붕 있는 공간이 그렇게 아름답고 좋을 수가 없어요.

저의 문경 방이 그래요. 작은 방이 게으른 사람한테 딱 맞거든요. 방 청소하기도 좋고, 손님 많이 올 이유도 없고, 왔다가도 금방 나가요. 방이 크면 와서는 앉아서 차 마시고 이야기 나누고 할 텐데, 그 작은 방에 앉아 있으면 삼배만 하고는 나갑니다. 잠시 엉덩이만 붙이고는 그냥 다 가 버리거든요. 그래서 작은 방은 혼자 사는 사람한테는 아주 편리하고 좋아요. 한 명밖에 못 앉으니까 앉아서 얘기하려는 사람도 없어요. 작은 방은 여러 측면에서 좋은 게 많습니다.

그런데 부모님을 안 찾으니까 주변에서는 '못된 년, 악한 년' 이런 식으로 욕을 하는 것 같은데, 거기 대해서도 별 미동 없는 것이 제가 감정이 무뎌진 건지 없어진 건지 알 수가 없어요.

지금은 워낙 가족들에게 데여서 정이 뚝 떨어져서 그렇지만, 조금 있으면 감정이 다시 살아나면서 후회도 하게 되고, 또 만약 부모님이 돌아가시면 두고두고 후회합니다. 그러니까 가능하면 재물이 남아 있을 때는 가지 말고, 재물이 없어졌거나 부모님이 더 곤궁해지면 그때 집에 가서 인사드리고, 형제들한테도 그런 식으로 해야 후회를 안 합니다. 나중에 내 감정 처리가 쉬워진다는 말입니다. 그러니까 지금은 그대로가 좋으니까 그냥 사시고, 형제하고는 관계없이 부모님에 대해서는 감사하는 마음을 가져야 합니다.

작은 방, 큰 방 따질 필요 없는 것,
혼자 있든 둘이 있든 따질 필요 없는 것,
뭘 구하지 않는 것,
출가.

올바른 태교란

어떤 것이 정말 올바른 태교인지, 인성 교육이라는 것을 어떻게 해야 아이에게 가장 좋은지 알고 싶습니다.

사람뿐만 아니라 모든 생명체에는 씨앗이 제일 중요합니다. 다음은 씨앗이 어떻게 싹트느냐가 중요하고 그 다음 중요한 것이 '어떻게 자라느냐.' 입니다. 종자가 어떠한가는 수확에 큰 영향을 미칩니다. 그러면 종자만 좋으면 되느냐? 그렇지는 않습니다. 종자도 한 요인이 되고, 밭도 한 요인이 되고, 기후도 한 요인이 됩니다. 어느 한 가지만이 결정적인 것은 아닙니다.

사람의 경우도 생물학적으로 봤을 때 종자는 조금씩 다르죠. 미국 사람과 한국 사람은 종자가 다르겠죠? 생물학적인 종자도 인간의 기초 요인의 하나죠. 그래서 정신적인 종자도 생물학적인 종자와 조금은 관계가 있습니다. 정신적인 종자의 시작은 태어난 후부터라고 보는 경우가 있고, 어머니 뱃속에 있을 때부터라고 볼 수도 있고, 정자와 난자가 결합할 때부터라고 보는 경우도 있습니다.

종교에서는 인간에게만 정신 작용이 있다고 보고 있는데 사실 원숭이나 개에게도 초보적인 정신 작용은 있습니다. 그러면 포유류에게만 있느냐? 그것은 아닙니다. 사실은 파충류도 좀 떨어지긴 해도 있습니다. 학습의 효과, 경험의 효과는 아주 낮은 단계의 원시 동물인 유글레나에게도 있습니다. 예를 들어 전기로 유글레나에게 충격을 준 뒤 다시 또 주면 앞에 충격을 받은 유글레나와 안 받은 유글레나는 반응을 달리 합니다. 그러니 아주 초보적이지만 학습 능력이 있다고 볼 수 있습니다.

그러니까 정신 작용은 인간에게만 있는 것이라기보다 아주 원시적인 것에서부터 조금씩 조금씩 확대되어 발전해 온 것이라고 볼 수 있습니다. 아기가 세상에 태어났을 때부터 정신 작용이 있다고 하면 인간에게만 정신 작용이 있다고 보는 것과 같고, 아주 초보적이지만 포유 동물에게도 정신 작용이 있다고 보면 아기가 뱃속에서부터 정신 작용을 한다고 볼 수 있습니다. 유글레나도 학습 능력이 있다고 보면 정자와 난자가 결합할 때부터 초보적이지만 태아도 학습 능력을 가진다고 볼 수 있는 것입니다. 정자와 난자가 결합한 초기 세포는 거의 원시적인 생명 상태인데 사실 그 때부터 학습 효과가 있다고 합니다.

그래서 처음에, 정자와 난자가 어떻게 결합해서 태아가 생기느냐가 가장 기초적인 영향을 주고, 두 번째로 그때부터 출생 이전까지 어머니 뱃속에 있을 때, 그 다음으로는 출생부터 생후 2년까지가 큰 영향을 미친다고 합니다.

그런데 굳이 전생과 영가를 끌어다가 이야기하자면, 나하고 인연 있는 영가를 잉태하게 된다고 할 수 있습니다. 나하고 아무 인연 없는 영가를 내 자식으로 잉태할 수는 없다는 말입니다. 그러니까 내가 이 사람하고 결혼하느냐, 저 사람하고 결혼하느냐에 따라 태어나는 아기가 달라집니다. 왜냐하면 두 사람과 인연 있는 영가가 잉태되니까요.

그러면 수많은 영가 중에 어떤 영가가 들어가게 될까요. 그것은 두 사람의 정신 상태에 따라서 다릅니다. 다시 말하면 그 순간에 선한 마음을 가지면 선한 인연이 올 것이고, 악한 마음을 가지면 악한 인연이 올 것입니다. 그래서 옛날에는 합방을 아주 중요시했습니다. 합방할 날도 잡고 기도도 하고 그랬지요. 따라서 중요한 것은 아기를 가질 때 어떤 인연을 부르느냐 즉, 씨앗에 관한 것입니다.

그 다음으로 중요한 것은 아기가 뱃속에 있을 때 엄마가 어떤 생각을 하느냐인데 이것은 씨앗이 싹 트는 것과 같습니다. 싹이 터서 떡잎이 탁 나오는 것이 어머니 배 밖으로 나오는 것과 같다고 이해하시면 됩니다. 어머니 뱃속에 있을 때는 신체적으로나 정신적으로 조직이 매우 연약해서 어머니의 신경이 아이에게까지 연결됩니다. 예를 들면 밥 먹고 성질 팍 내면 소화가 안 되는 것처럼, 임신 중에 성질을 내거나 하면 아이에게 다 영향이 갑니다. 그래서 보통 미워하는 마음을 갖거나 크게 놀라면 아이 심장이 약해지거나 여섯 가지 감각 기관에 이상이 생깁니다. 그렇기 때문에 태교에 있어서 섭취하는 음식물도 중요하지만 정신적인 부분도 중요하다고 말하는 것입니다.

그 다음은 아기가 태어난 후 세상 물정이 그대로 각인되는 단계입니다. 학습 가운데에서 이것이 가장 근원적인 학습입니다. 한 2년 동안에 정보가 들어와서 쌓인 것이 자아, 즉 자기 근본 업식이 됩니다. 따라서 이것은 나중에 변화시키기가 매우 어렵습니다. 세살 이후는 학습에 들어가는 시기입니다. 각인 작용에 의해 형성된 자아 의식에 따라 배우는 단계입니다. 이것이 우리가 말하는 유아 교육이라고 할 수 있는데 이것이 어느 정도 형성되어 여러 가지 분별까지 생기면 그 다음에는 엄마에게서 떨어지려고 합니다. 그 때 아이는 떨어져 나가려는데 어머니가 안고 안 놔주면 저항을 하게 되니까 '미운 오리 새끼'가 되는 겁니다. 그 다음은 유치원이나 초등학교 시기라고 볼 수 있겠지요. 이 때부터 바깥에 나가서 다른 사람이 하는 것을 보고 학습을 하게 됩니다. 그러니까 그때 무엇을 보여 주느냐가 아주 중요하죠. 이렇게 성장해 가는 것입니다. 그래서 사춘기까지를 성장 기간으로 보아야 합니다. 사춘기는 완전히 자립하는 시기이고 사춘기를 지나면 어른이 됩니다. 자연 속의 동물 상태라면 그 때가 완전히 독립하는 때인 셈이죠.

　출생 후 세 살 때까지는 신체적으로나 정신적으로 연약한 시기입니다. 그 때 성장에 필요한 영양소가 공급되지 않으면 육체적인 결함이 생기고, 정신적으로도 사랑을 못 받으면 공허함 때문에 평생 방황하게 됩니다. 즉, 세 살까지 얼마나 잘 키웠는지 여부는 아이의 성장에 매우 중요합니다. 그때 가정 불화가 있거나 엄마가 괴로워하거나 하면 아이에게도 그런 마음이 형성됩니다. 남편하고 갈등이 있어서 도망가고 싶은 마음이 있고 늘 불안하면 아이도 늘 안절부절못하는 마음을 본받게 되거든요.

그러니까 결혼하기 전에 수행을 하면 태교나 태교 이전의 문제는 저절로 해결됩니다. 서로 마음을 편안하게 가지고 생활하면 문제가 없습니다.

아이에게
잔소리 안 하기가
힘듭니다

아이의 게으른 행동을 보면서 언제까지 잔소리를 해야 할지 모르겠습니다. 주위 사람들은 엄마로서 당연히 아이의 행동을 바로잡아 줘야 한다고 합니다. 그런데 잔소리를 안 하고 바라만 보려면 저 자신이 참 힘듭니다. 제 잔소리가 그 아이의 태도를 근본적으로 고치지 못한다는 것을 알면서도 할 수밖에 없는 제가 답답합니다.

이런 문제는 꼭 부모 자식 사이에만 있는 일은 아닙니다. 부부 사이도 마찬가지입니다. 이런 일은 누구에게나 어디에서나 생기는 일입니다. 이때에 보통 사람은 애를 나무랐다가 자신을 나무랐다가 왔다 갔다 하며 고민합니다. 그러나 수행자라면 우선, 잔소리를 하는 것도 잔소리를 안 하는 것도 아이 문제가 아니고 내 문제라고 봐야 합니다.

이렇게 보는 것이 수행자의 태도이고, 이렇게 안 보는 것은 세간의 태도라고 할 수 있습니다. 잔소리를 하는 것은 내가 원하는 대로 안 되니까 내 원하는 대로 되라고 잔소리하는 것이고, 잔소리를 안 하는 것은, 내 말을 안 들어 주니까 '에라, 모르겠다. 네 맘대로 해라.'고 해서 잔소리를 안 하게 되는 겁니다.

잔소리를 할까 말까 갈등하는 것은 '아이를 위해서 하는 게 좋을까, 안 하는 게 좋을까?'를 고민하는 게 아니지요. 사실은 안 하려니 답답하고, 하려니 애하고 갈등을 일으키는 게 싫고, 그래서 둘 중에 어느 게 더 이로울까 재는 것에 불과합니다. 아이를 위해서 고민하는 게 아니고, 어떻게 하는 게 나한테 더 좋을까 고민하는 것에 불과하단 말입니다.

예를 들어보겠습니다. 백화점 앞을 지나가는데 아이가 "엄마, 저 권총 사 줘."했어요. 그러면 엄마는 안 된다고 거절하지요. 장난감 권총 하나 사 달라는 아이에게 안 된다고 할 때에는, 아이를 위해서 좋지 않다고 판단해서 그러는 것이라고 생각하죠. 그런데 아이가 땅바닥에 앉아 울면서 발을 동동 구르고, 고함을 치며 가자고 해도 안 가면, "그래, 그래. 알았다." 하고 사 주는 경우 있지요? 이럴 때 우리는 '너를 위해서 사 준다.'라고 생각합니다. 안 사 주려고 한 것도 자식을 위해서 안 사 주는 것이고, 사 주는 것도 자식을 위해서 사 주는 것이라 생각하지요. 이렇게 보는 것은 세속적인 것입니다.

안 사 줄 때도 나를 위해서 안 사 주고, 사 줄 때도 나를 위해서 사 준다고 봐야 합니다. 사 달라 할 때 안 사 주는 것은 내가 보기에 안 좋아서 안 사 주는 겁니다. 그런데 아이가 울고불고 해서 사 주는 것은 달래려니까 귀찮기 때문에 사 주는 것입니다. 정말 아이를 위해서 안 사 주려고 했으면 아이가 아무리 울고불고 팔짝 뛰어도 안 사 줘야지요. 아이를 위해서 사 준다면 처음부터 사 줘야지 왜 그렇게 괴롭힌 다음에 사 줍니까? 그러니까 나의 문제로 봐야 번뇌가 사라집니다. 아이 문제라고 보는 한 해결책이 안 나옵니다. 남편이 문제가 있어서 같이 살까 말까 하는 것도 내 문제지 남편 문제가 아닙니다. 이렇게 분명하게 입장이 정리될 때 수행자의 자세를 가지는 것이라고 볼 수 있습니다.

아이가 공부는 안 하고 컴퓨터 게임만 하니 속이 탑니다.

이럴 때 우리는 '제법(諸法)이 공(空)함'을 봐야 합니다. 그 아이는 다만 그럴 뿐이지요. 컴퓨터 게임을 할 뿐이고, 놀 뿐인데 그걸 보는 내 생각, 내 기준 때문에 분별이 일어나고 화가 일어납니다. 그걸 보고 내가 못 참아서 문제 삼은 것이기 때문에 아이를 야단치는 것은 내가 화를 푸는 방법에 불과합니다. 그렇기 때문에 아이에게는 잔소리가 되는 거지요. 이럴 때 잔소리를 안 해야 한다는 것은, 잔소리를 하고 싶지만 참는 거지요.

세속에서는 참는 사람을 좋은 사람이라고 하지만, 수행의 관점에서 보면 참는 것은 수행이 아닙니다. 즉 문제를 본질적으로 해결할 수가 없습니다. 이때 자기를 봐야 합니다. '아이가 저런다고 내가 왜 화가 날까, 아이가 저런다고 내가 왜 괴로울까?' 이렇게 문제의 원인을 살펴야 합니다. 내 의견을, 내 취향을, 내 생각을 고집하기 때문에 답답하고 화가 나고 괴롭고 슬픈 것입니다. 그 고집하고 있는 것을 놓아야 합니다. 이걸 '상'이라고 이름하면 상을 버려야 하고, 이게 '아집'이면 아집을 내려놔야 합니다. 이게 '분별'이면 분별을 끊어야 하고, 이게 '집착'이면 집착을 버려야 합니다. 그러면 아이가 어떻게 하든 나는 편안해집니다. 이미 화가 났는데 그것을 밖으로 내느냐, 안 내느냐 하는 것은 세속적인 선악의 문제입니다. 밖으로 화를 안 내고 참으면 선이고, 밖으로 화를 내면 악이라는 생각은 세속적인 잣대의 선악입니다. 그건 이미 화가 났을 때 그에 따른 대응일 뿐입니다.

그러면 수행이란 무엇인가? 화가 왜 일어났느냐를 연구하는 겁니다. '애가 저런다고 내가 왜 화가 날까?' 이것을 돌이켜보는 거지요. 그래서 화가 나지 않게 되는 것이 수행입니다. 화를 안 내는 게 수행이 아니고, 화가 나지 않는 것이 수행입니다. 화가 나지 않으니까 참을 게 없지요.

화가 나거나 화를 낼 때, 그 화가 왜 일어나는지 돌이켜보는 것을 수행이라고 합니다. 돌이켜보면 어느덧 사라지지요. 그런데 대부분은 수행을 어떻게 합니까? 화를 낼까 말까? 참을까 말까? 이걸 갖고 수행이 됐느냐, 안 됐느냐 평합니다. 화를 내면 내어서 부작용이 있고, 참으면 참아서 고통이 있습니다. 그래서 고통에서 벗어나는 해탈로 가지 못합니다. 이 화가, 이 고통이 왜 일어나는지 그 본질을 봐야 합니다. 우리가 수행한다는 것은 그게 핵심입니다.

내가 편안해지면 이 세상 모든 것이 아무 문제가 없어요. 그러면 여러분들 또 이렇게 묻지요. "저만 편안하면 됩니까? 아이는 어떻게 하고요?" 내가 편안하면 아무 문제도 없어요. 다 내가 불편하기 때문에 자꾸 문제를 삼는 거지요. 그러니까 이게 모두 나의 문제라는 것입니다. 그러면 "나만 편안하면 됩니까?" 하고 묻겠지만, 내가 편안해지면 자연스럽게 아이를 위하는 길이 뭘까 생각하게 됩니다. 내가 지금 미리 이야기하지 않아도 그때는 저절로 알게 됩니다. 내 의견을 고집해서 말할 때보다 그냥 내 의견을 말할 때 받아들여질 확률이 더 높지요. 또 아이가 안 받아들여도 아무 문제가 안 됩니다.

사실은 아이가 안 되는 게 아니라 내가 안 되는 겁니다. 잔소리를 하는 게 잘못됐다는 뜻이 아니라, 잘하고 잘못한 것이 없는데 있다고 생각한 것이 잘못됐다는 것입니다.

'나는 잘하고 너는 잘못했다' 만 잘못된 게 아니라 '네가 잘하고 내가 잘못했다'는 것도 잘못된 생각이에요. 잘하고 잘못하는 게 없는데 있다고 착각해서 남을 미워한 게 잘못된 거지요. 그 착각에서 벗어나는 게 참회입니다. 그러니까 상대가 뭐라고 할 때, 잔소리를 하면 수행이 안 된 것이고,

잔소리를 안 하면 수행이 된 것이라는 뜻이 아닙니다.

　이것은 내 문제인데, 내 문제에 내가 어떻게 대응하느냐? 잔소리를 해서 답답함을 푸는 사람도 있고, 그 부작용이 싫어서 참는 걸로 대응하는 사람도 있어요. 그건 다 중생이 대응하는 방법입니다. 잔소리를 많이 하는 사람도 참아 가면서 해요. 참는다는 사람도 가끔 잔소리를 해요. 그러니까 그 비중이 서로 다를 뿐 근본적인 행위는 똑같습니다. 잔소리를 참을 때도, 잔소리를 할 때도 수행자는 늘 자기를 돌아봐야 합니다. 나를 중심에 놓고 사물을 보는 '자기'라는 것이 도사리고 있는 한 고통에서 벗어날 수 없습니다. 이 '나'라는 것이 만병의 원인입니다.

내 의견을, 내 취향을, 내 생각을 고집하기 때문에 답답하고 화가 나고 괴롭고 슬픈 것입니다.

신체장애가 있는 아이는
어떻게 대해야 할까요?

우리 딸아이가 엄지발가락이 좀 작습니다. 그래서 여름철에 샌들도 못 신는데 그것을 어떻게 이야기해 줘야 할지 모르겠습니다.

신체장애가 있는 아이라고 해서 다 열등의식이 있는 것은 아닙니다. 우리가 그 아이를 볼 때마다 '아이고, 애가 왜 이래.' 하고 반응해서 그 아이에게 열등의식이 일어나는 것이거든요. 우리가 장애인을 만났을 때 배려한다 하면서도 장애인을 보고 놀라는 태도로 대하면 장애인의 정신 건강에 해가 됩니다. 그러니까 모든 사람이 장애인을 보고 놀라지 않고 평등하게 대하면 정신적인 장애는 생기지 않을 것입니다.

육체적 장애는 단지 불편한 것일 뿐, 열등한 것은 아닙니다. 팔이나 다리가 하나 없거나 눈이 나쁘면 다른 사람에 비해 좀 불편하지요. 그런데 인간은 불편하다고 생각하면 뭔가를 편리하게 만들려고 합니다. 불편하다고 느끼면 편리하도록 만드는 것이 바로 인간의 창조성입니다. 그래서 안경을 만들어 내고, 휠체어를 만들게 되었죠.

불편함이 창조로 이어지면 그것을 극복하는 방향으로 가게 되지만, 열등하다고 느끼면 죽어 버리거나 죽여 버리고 싶은 쪽으로 가게 됩니다. 그러니까 열등의식은 병입니다. 열등의식이나 우월의식은 모두 일종의 정신 질환입니다. 불편하다고 생각하면 사람은 자연스럽게 연구를 하게 되어 그것을 보충하도록 만들어 나갑니다. 인간이 말이나 타조처럼 빨리 달렸다면 자동차를 발명하지 않았겠죠. 인간이 다른 동물보다 느리기 때문에 동물처럼 빨리 달리기 위해서 연구를 한 것입니다. 그러니 우리들이 갖고 있는 신체의 그 어떤 것도 열등한 것은 없습니다. 존재에는 열등한 것이 없다 하여 '존재는 구족하다, 다 갖추어져 있다.' 이렇게 얘기하지 않습니까?

열등함은 우리의 의식이 일으키는 것입니다. 예를 들어서 아기를 못 낳는다 하는 것은 어떻게 보느냐에 따라서 다릅니다. 조선 시대에는 아이를 못 낳는 것이 열등한 것이라고 생각했죠. 그런데 요즘은 결혼을 해도 아이를 안 낳으려는 경우도 많잖아요. 아기를 안 낳으려면 수술을 하거나 피임 기구를 써야 되고 그러면 부작용이 생길 수도 있는데 아기를 못 낳는 몸의 구조를 가지고 있다면 엄청난 이득 아니겠습니까? 그러니까 어떤 신체 구조를 갖든 그냥 몸일 뿐인데 한 가지 방향으로만 생각하기 때문에 자꾸 비교해서 열등하다고 하는 것입니다. 그것을 다른 각도에서 보면 조금씩 다를 뿐이지 절대 열등한 것이 아닙니다.

그러므로 아이를 보면서 마음 아파하거나 불쌍하게 여기면 안 됩니다. 보통 아이와 똑같이 대해야 합니다. 어리면 돌보고 늙으면 부축하듯이, 장애가 있으면 약간의 도움이 필요할 뿐입니다. 특히 약간의 장애는 장애라기보다 약간의 차이임을 인식시켜주는 것이 중요합니다.

불편함이 창조로 이어지면 극복하는 방향으로 나아갑니다.

기분이
늘 우울해요

저는 눈치를 많이 보는 편이고 거기다가 화가 나면 말을 못합니다. 화를 내서 그 사람하고 관계가 나빠지는 것을 감당하지 못하거든요. 그리고 상대방에 따라서 제 기분이 많이 좌우돼요. 그 사람이 화를 내면 제가 안절부절못하고 그 사람이 기분이 좋으면 '다행이다' 하는 생각이 들거든요. 그리고 전반적으로 우울증을 벗어난 적이 한 번도 없었던 것 같아요.

우울증과 변비 증상이 상당히 연관이 있다고 합니다. 그래서 똥 누는 것이 매우 중요합니다. 우울증은 첫 번째, 몸의 컨디션하고 관계가 있습니다. 그래서 변비약을 먹거나 굶거나 또는 관장을 하여 장이 잘 세척되면 증상이 좀 완화되기도 합니다.

　두 번째로 우울증이 있다는 것은 지금 바깥 경계에 영향을 많이 받는다는 것입니다. 그것은 자기 내면에 자기가 잘났다 하는 어떤 상을 쥐고 있기 때문입니다. 사람은 '나는 이런 사람이다. 혹은 나는 이런 사람이 되어야 한다.'는 자기 상을 갖고 있거든요. 그리고 남에 대해서도, 남편은 어떤 사람이어야 한다든지 우리 아이는 어떻게 되어야 한다든지 하는 상을 가지고 있습니다.

　그런데 우리가 생각하는, 마음속에 그리고 있는 상은 현실의 모습하고 늘 차이가 있습니다. 내가 바라는 남편하고 실제의 남편이 다르고, 내가 바라는 자식하고 실제의 자식이 다르고, 내가 어떤 사람이었으면 좋겠다고 생각하는 나하고 현실에 있는 나하고는 다르다는 말입니다. 그 차이가 벌어지면 벌어질수록 자기에 대해서는 자기를 미워하고 싫어하는 자학 증상이 생깁니다. 또 타인에 대해서도 이 차이가 너무 커지면 상대를 엄청나게 미워하게 되지요. 이게 바로 자기가 그려놓은 상에 그 사람을 끼워 맞추려는 것에서 비롯됩니다.

　내가 나를 바꾸려고 해도 잘 안 바뀌는데 상대가 쉽게 바뀌겠어요? 그러니까 미워하게 되고 미워하는 게 지나치면 보기가 싫어집니다. 또한 보기 싫어지면 헤어지고 싶어집니다. 그런데 가족 관계이거나 헤어질 수 없는 상황이면 서로 안 보는 방법을 생각하다가 죽여 버리겠다는 생각을 일으키게 되는 것입니다. 그러면 살인이 일어납니다. 미워하는 것과 살인은, 행위로 따지면 매우 큰 차이가 있지만 마음에서는 별 차이가 없습니다. 미워하는 것 자체가 곧 살생입니다. 살생 죄업을 참회한다 하면 여러분은 '내가 언제 사람을 죽였냐?' 하고 생각하는데 미워하는 것이 이렇듯 죽여 버리는 것과 다를 바 없는 것입니다.

상대의 행위가 내가 그려놓은 상과 크게 다르니까 늘 상대에 민감하게 대응하게 되고, 자기 자신에 대해서도 자기가 그려놓은 상과 실제의 자기가 크게 다르니까 현실에 있는 내가 너무나 꼴 보기 싫은 거예요. 그럴 때 가장 소극적으로 나타나는 현상이 부끄럽다는 것인데 이것은 일종의 정신 질환에 속합니다. 이 정도는 세상사람 누구나 다 가지고 있으니까 병 축에도 안 든다고 보는 것뿐이지, 근본적으로는 같은 증상입니다.

병이라고 해도 병이 아닐 수 있고, 병 아니라고 해도 병일 수가 있는데, 수행 차원에서 보면 다 병입니다. 중생이라 이름 붙여진 것은 다 이미 정신병을 앓고 있다는 말이에요. 사회에서 일정한 범위를 정해놓고 '여기까지는 병이 아니고 여기부터는 병이다' 이렇게 정의하는데 실은 병과 병 아닌 것의 차이가 별로 없습니다. 부끄러움이 심해지면 남을 만나지 않으려는 심리 현상이 일어납니다. 그것이 심하면 우울증 초기 증상이지요. 더 심해지면 자기가 싫어지고 죽어 버리고 싶어지지요. 그래서 자살을 하게 됩니다. 자기를 미워해서 자기를 죽여 버리는 살인 행위가 자살이지요. 우울증이 심해지면 주로 자살로 연결되고 어떤 충동을 받으면 살인 행위도 일어납니다.

일반적으로 정신 질환에 걸리면 두 가지 현상이 일어납니다. 자기를 너무 높게 상정해서 생긴 것이므로 하나는 자기가 못났다 하는 피해 의식이고, 다른 하나는 자기가 잘났다 하는 우월 의식입니다. 이 피해망상과 과대망상은 늘 같이 일어납니다. 자기를 싫어하고 미워하므로 대인 관계를 기피하는 것이 우울증입니다. 그러니까 이럴 때일수록 대인 관계를 넓히는 것이 좋습니다. 그래야 자기에게 사로잡히는 데서 벗어날 수 있는데, 우울증에 빠지면 자꾸 대인 관계를 기피하게 되니까 증세가 점점 더 심해지죠.

그런데 자식이 우울증이나 분열증에 빠지면 그런 원망을 누구한테 합니까. 주로 부모한테 한단 말이에요. 그럴 때 부모가 수행이 되어 있어서 그걸 다 받아주면 1, 2년 지나면 해소되는데 보통 이것을 못 받아내지요. 그러니 증상이 자꾸 심해집니다. 그러니까 스스로 약간 우울 증상이 있는 사람은 자기도 모르게 남을 무척 괴롭힌다는 것을 알아야 합니다.

서양의 우울증 치료법은 대부분 당사자를 치료하는 것인데, 불교의 치료법은 당사자가 해결 능력이 있을 때에는 당사자를 치료하지만 당사자가 미성년자일 경우에는 부모에게 수행을 시켜서 그것을 받아들이도록 합니다. 수행 중에서도 제일 어려운 것이 정신병을 치료하는 것이거든요. 수행이라는 것이 자기가 부처 되는 것인데 정신병은 자기 주체를 상실해 버린 것이니까 치료하기가 무척 어렵죠. 그러니 옆에서 이것을 포용해서 도와줘야 하고 그래서 내면의 피해 의식이 어느 정도 사라져야 합니다.

이를 극복하기 위해서 첫 번째, 본인은 자신이 별것 아니라는 것을 자각해야 됩니다. 그런데 정신질환이 있는 사람이 이 이야기를 들으면 또 열등의식에 사로잡힙니다. 자아를 높이 설정해 놓으니까 현실에 있는 내가 보기가 싫어서 열등의식이 되는 것이거든요. 그렇기 때문에 일단 이 허상을 버려야 합니다. 그것만 놔 버리면 부끄럽다든지 창피하다든지 하는 생각은 다 없어지게 됩니다.

  이것을 치료하는 방법으로는 엎드려서 절하는 것이 제일 좋습니다. 맹목적이다 싶게 절공부를 해야 합니다. 왜냐하면 이런 사람은 설명을 해 주면 머리가 더 복잡해지거든요. 엎드려서 절을 하면서 자신이 길가에 핀 들풀 같은 하찮은 존재임을 알게 되면 자아 분열이 치료됩니다. 그리고 자기 일거리가 있으면 금방 치료가 됩니다. 돈 버는 일이 아니더라도 자기 인생을 개척하고 애쓸 일이 있는 것이 좋습니다.

직장에서
불안하고 긴장이 됩니다

저는 일을 할 때 늘 긴장을 하고, 일을 안 할 때는 누가 일을 시킬 것 같아 불안합니다. 또 상사가 있을 때는 긴장이 되어 일도 못 하고 항상 불안해합니다. 그리고 퇴근할 때도 눈치 보면서 퇴근하고 상사가 특별히 나에게 뭐라고 하지 않는데도 예민하게 반응하고, 머릿속으로 여러 가지 생각을 하니까 머리도 아프고 힘도 많이 빠집니다.

아버지 계세요?

예.

아버지하고 관계는 어때요?

어렸을 때부터 아버지와 어머니가 많이 싸우는 걸 보고 자랐어요. 그래서 불안한 마음이 많고, 어렸을 때는 항상 제대로 나가서 못 놀고 집안에서 통제된 상황에서 자랐어요.

어릴 때 아버지를 미워하는 마음이 많았어요?

초등학교 때까지는 그런 마음이 없었는데 중학교 때부터 미워하는 마음이 있다는 것을 알았어요. 그래서 많이 놀랐는데, 증오라기보다는 원망하는 마음이 많았던 것 같아요.

그러면 아침이든 저녁이든 시간을 정해서 아버지에 대해 참회를 하세요. 결혼해서 살아 보면 알게 되겠지만 밖에서 일도 잘 안 되고 힘든데 집에 오면 아내가 잔소리하고 이러니까 화가 나기도 하고, 부모가 자식에게 집착하면 남한테는 안 그러는데 자기 자식한테는 아주 민감하게 반응하는 경우도 있습니다.

아버지 입장으로 돌아가서 '아버지가 살기 힘들어서 그렇게 행동했을 수도 있겠다. 내가 어려서 아버지를 이해하지 못하고 미워했구나. 죄송합니다.' 하고 아버지에 대해서 참회 기도를 하십시오. 지금 이런 마음을 없애지 않으면 직장에 나가서는 상사에 대해서 불안해하고 조마조마하고 자꾸 피해 의식이 생깁니다. 나를 따돌리는 것 같고 나에게 피해를 주는 것 같아 관계가 안 좋아지고, 또 결혼을 하면 부인하고 갈등이 생기고 또 자식을 낳으면 아버지가 나한테 한 것과 똑같이 자식한테 하게 됩니다. 머리로는 그렇게 안 하겠다고 생각하는데 실제로는 똑같이 행동하게 되거든요.

아버지에 대한 참회 기도를 정말 간절하게 하세요. 내가 어리석어서, 내가 잘 몰라서 아버지를 이해하지 못하고, 오히려 미워하고 눈치보고 그랬는데, 그것이 다 아버지가 나를 사랑하고 아꼈기 때문에 그렇게 하신 거라고 참회를 하셔야 합니다. 우선 백일 정도, 하루에 108배씩 하면서 마음속으로 '아버지, 정말 죄송합니다. 제가 어리석어서 아버지 마음을 헤아리지 못했습니다. 그리고 제가 아버지를 미워했는데 이제 아버지 마음을 헤아리고 아버지를 미워하지 않게 되었습니다.' 이렇게 참회하십시오.

그렇게 기도를 하여 내면에서 아버지의 행동에 대해 걸림이나 저항감이 없어지면 '죄송합니다. 제가 부족합니다.' 하고 표현해서 아버지를 두려워하거나 미워하지 않고 존경하면서도 자연스럽게 함께 지낼 수 있도록 정진을 해야 합니다. 이게 쉽지는 않지만 그렇게 되면 직장 문제나 결혼 문제가 다 자연스럽게 해결될 수 있습니다.

직장동료가
상사를 험담할 때
불편합니다

직장에서 사람들이 상사들에 대해 험담하거나 욕하는 일이 너무 많고 그런 얘기를 듣고 있으면 마음이 불편해집니다. 그래도 그 사람이 얼마나 답답하면 저런 말을 할까 하고 계속 들어주었는데 그러니까 더욱 심해지는 것 같고 듣고 있는 제 마음도 계속 불편합니다. 어떻게 마음을 다스려야 하고 어떻게 응대해야 하는 것인지 듣고 싶습니다.

시간을 내서 그 사람 얘기를 진지하게 한번 들어줘 봐요. 듣기 싫은데 억지로 듣는다 생각하지 말고 어디 밥 먹으러 가서 진지하게 들어줘요. 그렇게 몇 차례 들어주면 앞으로는 안 할 거예요. 오히려 안 들어주기 때문에 계속 반복되는 것입니다.

뭔가 가슴에 답답한 것이 있으니 자꾸 그렇게 얘기하게 되거든요. 물론 습관적으로 그러는 사람도 있는데 습관적인 것도 내부를 보면 다 그럴 만한 이유가 있잖아요? 밥을 사줘 가면서, 내가 듣고 싶어서 듣는다 하는 마음으로 진지하게 들어주고 그 사람의 심정에 공감해 주면서 들어주십시오.

그 사람이 남을 비난할 때 비난의 대상이 나쁘다는 데 동의하는 것이 아니라, 그 사람이 갖고 있는 억울한 마음, 그 심정에 공감하라는 말입니다. 그 심정에 공감이 안 되니까 지금 괴로운 것 아니에요? 부모를 원망하든, 남편을 원망하든, 상사를 원망하든, 누구를 험담하든 간에 험담하는 그 사람의 심정에 대해서 내가 깊게 이해하고 받아들이고 진지하게 공감하는 것이 필요하다는 말입니다.

학생들이
수업을 잘 듣지 않아
화가 납니다

　　　　저희 학교는 반이 상중하로 나누어져 있습니다. 상위 그룹에 들어가서 수업을 할 때는 수업도 재미있고 기분이 좋습니다. 제가 수학을 가르치는데, 상급 반 아이들은 수학 내용뿐만 아니라 법륜 스님한테 들은 얘기를 해 주어도 호감을 갖고 이해도 잘 하는데, 중·하반에 들어가서 얘기를 하면 수업 내용도 안 듣고 법륜 스님께 들은 이야기를 해 주어도 잘 안 들어요. 특히 문과의 고3 아이들은 거의 다 포기해 버리고 수업을 듣지 않습니다. 그럴 때는 화도 나거니와 제 자신이 수업을 하면서 비참해집니다. 이럴 때 어떻게 마음을 먹고 어떻게 지도를 해야 할지 무척 갈등이 됩니다.

　　　참 중요한 문제입니다. 마음을 자꾸 다스리려고 하지 마세요. 마음을 다스리려고 하면 자꾸 화가 차게 됩니다. 기분이 나쁜데 이것을 자꾸 억누르면 겉으로는 웃을지 몰라도 얼굴이 밝지 않고 배우처럼 겉으로만 웃게 됩니다. 그러니까 그럴 때는 오히려 솔직하게 애들하고 얘기하는 것이 좋습니다.

"내가 너희들한테 공부를 좀 가르치려고 하는데 너희가 안 들으니까 선생님이 기분이 무척 나쁘다. 어떻게 하면 좋겠니? 우리 같이 의논 한 번 해 보자."

이렇게 자신의 기분을 솔직히 얘기하는 것이 좋습니다. 아이들도 '우리가 이러면 선생님이 기분 나쁘다'는 것을 알 필요가 있습니다.

이렇게 자연스럽게 표현하고 얘기를 하면 애들이 안 듣기도 하고 듣기도 하는데, 교사들은 '내가 이렇게 얘기를 하면 모든 아이들이 다 내 말을 들어야 한다.'고 생각합니다. 선생님들이 명심해야 할 제일 중요한 수칙은 '내가 누군가의 인생을 책임질 수도 없고 변화시킬 수도 없다.'는 것입니다. 교사가 아이들을 조금 도와줄 수는 있지만 아이들 인생에 큰 변화를 줄 수 있는 것은 아닙니다.

선생님들은 주로 학생들이 자기 말을 들어야 한다는 생각을 가지고 있지요. 우리는 인생을 변화시킬 수 있는 좋은 정보를 제공할 뿐이지 그것을 선택하고 안 하고는 상대의 의지에 달려 있다는 것을 늘 명심해야 합니다. 그런데 이게 잘 안 됩니다. 그래서 '왜 이렇게 안 하느냐?' 하고 야단을 칩니다. 그러나 그 선택까지 강요할 수는 없다는 것을 확실히 알고 있으면 아이들을 가르치면서 괴로울 일이 없습니다.

또, 어떻게 설명을 해도 모든 아이들이 다 알아들을 수는 없습니다. 한 명에게 설명을 해도 다 못 알아듣는데 하물며 50명을 앉혀 놓고 강의를 하는데, 그 중에 알아듣는 사람도 있고 못 알아듣는 사람도 있는 게 당연한 것 아니겠어요?

저도 예전에 물리학이나 화학을 공부하면 아주 재미가 있고 무슨 말인지 금방 알아듣겠는데, 영어 시간에는 무슨 소리를 하는지 통 못 알아듣겠습디다. 잘 하는 것은 자꾸 하고 싶고 못 하는 것은 자꾸 하기 싫은 것이 인간의 심리입니다. 그러니 수학을 예로 들면, 앞에 간단한 보기가 있고 예제가 있고 그 다음에 약간의 응용이 있고, 그리고 시험에 대비한 단계까지 높낮이에 따라 4단계로 학습을 한다고 하면, 잘하는 반에서는 다 가르치고, 중간급에는 맨 밑엣 것을 빼 버리고 가르치고, 하급반에서는 원리와 기초를 처음 가르치듯이 다시 가르쳐야 합니다. 모든 반에 들어가서 똑같이 하려고 하면 안 됩니다. 공통 수학의 기본적인 것이 안 된 아이들한테 미적분을 가르치면 무슨 말인지 모르거든요. 선생님이 설명할 때는 아는 척하지만 실제로는 모른단 말이에요.

제가 조언하고 싶은 것은, 내가 가르쳐서 애들이 다 알 것이라고 생각하지 말라는 것, 그리고 내가 강의해서 들으면 좋지만 딴 짓하는 아이도 있을 수 있다는 걸 인정하라는 것입니다. 그런데 가능하면 관심을 끄는 방법을 좀더 연구해야 하겠지요. 선생님은 어쨌든 애들이 이해하기 쉽고 기억하기 쉽도록 해 줘야 합니다.

또한 아이들이 무엇을 모르는지 파악하는 것이 매우 중요합니다. 많이 안다고 좋은 선생님이 되는 것이 아닙니다. 보통 선생님들이 많이 알면 자기 아는 자랑만 하다가 끝나는 경우가 많거든요. 그리고 제일 중요한 것은 질문을 받는 것입니다. 요즘 대부분 선생님들이 질문 받기를 매우 꺼립니다. 자기가 아는 것만 가르쳐주고 가 버리면 문제 될 것이 없는데, 질문을 받으면 자기가 모르는 부분이 들통 날 위험이 있잖아요. 그러나 질문을 받을 때 선생님은 아무 두려움도 없어야 합니다. 두려움이 생기는 것은 내가 모든 것을 알아야 한다는 강박 관념이 있기 때문입니다. 그래서 자신이 모르는 것이 당연하다고 생각하고 질문을 받아야 합니다. 만약에 모르는 것이 있으면 '나도 지금 어떻게 하는지 금방 생각이 잘 안 나는데, 찾아보고 다음에 얘기해 줄게.' 이렇게 말하는 것이 아무렇지도 않아야 합니다. 그러면 질문 받는 데 두려움이 없어집니다.

학생들한테 질문을 많이 받아야 아이들이 무엇을 모르는지 내가 알 수 있고, 또 내가 무엇을 더 준비해야 할지 알 수 있기 때문에 아이들 질문이라는 것은 내 발전에도 큰 도움이 됩니다. 내가 일방적으로 강의하는 것은 내 발전에 도움이 하나도 안 되지요. 어차피 알고 있는 것을 가르치니까. 그런데 질문을 받는다는 것은 그 중에 내가 모르는 것이 있을 수도 있기 때문에 내가 다시 한번 생각해 보고 정리하는 기회가 됩니다. 그래서 질문 받는 것을 꺼리지 않는 것이 아주 중요합니다. 그러면 수업 시간에 편안하게 학생들을 대할 수 있습니다.

중요한 것은 '내가 얼마나 아느냐'가 아니고, '모르는 아이들에게 얼마나 도움이 되느냐.' 입니다. 모르는 아이에게 도움을 주기 위해서는 두 가지가 필요합니다. 하나는 애정입니다. 아이들은 하나라도 더 깨우쳐 주려고 하는 교사의 애정에 비례해서 선생님을 존경합니다. 다음은 기술입니다. 기술은 지식을 많이 아는 데 있는 것이 아니라 아이들이 무엇을 모르는지 충분히 파악하는 데에서 시작됩니다. 아이들 입장에서 '지금 이렇게 가르치면 뭐가 문제가 될까?' 하고 생각하며 강의를 하면 문제가 좀 쉽게 해결될 것입니다.

나만 보면
전도하려는 친구와
잘 지내려면

저는 기독교 학교를 다녔고, 친구들과 선생님들도 다 기독교인들이어서 저를 보기만 하면 전도하려 합니다. 보통 때는 잘 지내다가도 어떤 결정적인 순간이 되면 제가 진실한 불자가 아닌데도 기독교인을 배척하는 감정이 느껴집니다. 어떻게 해야 잘 지낼 수 있을까요?

부부간에도 잘 지내려면 자기 생각을 고집해선 안 되듯이 이런 경우도 마찬가지입니다. 자기 생각을 고집하지 않는다는 건 아무 생각도 하지 말라는 뜻이 아닙니다. 내게는 내 나름의 생각이 있고 남편에게는 또 남편 나름의 생각이 있어요. 그러니 내 생각만 옳다고 고집해서는 안 된다는 말입니다. 그렇다고 해서 남편 생각이 무조건 옳으니 따라가라는 말도 아니에요. 상대를 이해하고 인정하라는 뜻이지요.

부처님께서는 "제자들아, 거만하지 말고 겸손하라. 제자들아, 비굴하지 말고 당당하라."고 말씀하셨어요. 우리는 겸손하라고 하면 비굴하기 쉽고 당당하라고 하면 교만하기 쉽지요. 그러나 잘 살펴보면 겸손한 것과 당당한 것은 한 쌍을 이루는 짝입니다. 자기가 남보다 돈도 많고 지위가 높다고 목에 힘을 주는 교만한 사람은 자기보다 더 돈이 많고 더 높은 지위에 있는 사람을 만나면 고개도 제대로 못 들고 비굴해집니다. 이렇게 교만함과 비굴함은 서로 짝을 이룹니다. 안으로 당당하면 밖으로는 자연히 겸손해집니다.

부처님의 가르침을 따르는 진정한 불자라면 매사에 당당해야 합니다. 주변 사람이 다 교회 다녀도 아무렇지 않아야 해요. 내가 깨어있는데 잠꼬대하는 사람들 이야기에 동요할 게 뭐가 있습니까? 제가 여기저기 집회나 시민운동 단체들이 모이는 곳에 나가면 기독교인이 대부분입니다. 스무 명, 서른 명을 만나도 나 하나 빼면 다 목사님, 아니면 장로님입니다. 그러니까 나만 안 가면 완전히 교회 기도 모임 같지요. 그러니 뭔가 일이 조금만 잘 되면 모두 다 하나님 은혜 때문이라 그래요. 어떤 때는 나를 의식하고는 "불교에선 뭐라 그러는지 모르지만, 우리가 볼 때는 이게 다 하나님의 은혜지요." 합니다. 그러면 저 또한 "예, 하나님 은혜입니다." 그러지요. 일이 잘 되었는데 누구의 은혜인들 뭐가 어떻습니까?

내적으로 당당하면 아무 것도 문제될 게 없어요. 뭔가 신경이 쓰인다는 건 당당하지 못하다는 말이고, 그러면 다른 사람 눈에도 폐쇄적으로 비치게 됩니다. 폐쇄적인 것은 부처님의 가르침이 아닙니다. 탁 트여야 합니다. 선생님이나 친구가 교회 다니면서 같이 교회 가자고 하거든, 시간이 되면 가고 내 할 일이 있으면 안 가면 된다고 열린 생각을 하면 되지요.

지난 번 미국 순회 법회 때 어떤 신도님이 "아휴, 여기는 스님도 안 계시고 절도 없어서 수행이 잘 안 됩니다" 해요. 그래서 "집에서 하시면 되잖아요?" 하니까 주위 분위기가 산만해서 못 한다는 거예요. 그래서 "그럴 경우에는 교회 가서 하시면 됩니다." 하고 말씀 드렸어요. 교회나 성당은 절처럼 분위기가 조용하잖아요. 거기 가서 다른 사람들이 '하나님'을 부르면서 기도할 때 나는 속으로 '관세음보살님'을 부르면서 기도하면 되고, 또 기도하는 장소로 교회를 잘 이

용했으니까 고마운 마음에 보시한다 생각하고 헌금함에 돈을 넣으면 큰 문제가 없잖아요.

기독교 학교에서는 교수를 채용할 때, 기독교인이어야 한다는 것이 첫째 조건입니다. 그래서 어떤 사람이 불교 계통의 음대를 마치고 기독교 계통의 학교에 교사가 되려고 했는데, 어떻게 교인이 불교 재단의 음대에서 공부할 수가 있느냐 해서 안 됐어요. 그 학교만 그러는 게 아니지요. 불교 계통의 학교에서도 오계 수계를 받지 않은 사람은 교수로 채용하지 않습니다. 학생들이 기독교 학생회를 만드는 것도 허용하지 않습니다. 오히려 기독교 재단인 대학에서는 불교 학생회 활동을 허용하는데, 불교 재단인 대학에서는 허용을 하지 않는단 말입니다. 나름대로 자기를 지키기 위해서 그렇게 하는 것이니까 뭐 비난할 일은 아니지요.

자기의 이익에 따라 종교를 선택하겠다고 하면, 취직하기 위해서 다른 종교로 개종하면 됩니다. 신앙이 더 중요하다고 생각하는 사람은 당당하게 종교가 불교라고 밝히면 됩니다. 또 불교인이라서 취직이 안 된다고 하면, 헌법에 신앙의 자유가 명기되어 있는데, 대한민국 사람이 어떻게 그런 위헌적인 발언을 하느냐고 얘기하면 됩니다. 그래도 안 되면 법정 투쟁을 하고, 승소하면 다행이지만 패소하면 '안 되는 구나' 하고 인정하며 살면 되지요. 세상 살면서 내가 옳다고 생각해도 뜻대로 안 되는 게 어디 한두 가지입니까? 그러니까 자기 중심을 잘 잡아 깨어 있어야 합니다.

사랑하는 사이에도 마찬가지일까요?

사랑도 그렇지요. 사랑이 더 중요하다고 생각하면 사랑을 얻기 위해서 종교를 바꾸면 됩니다. 저는 남녀간의 사랑이 그렇게 고귀하다고 생각하지는 않습니다. 사랑에 빠졌다 하는 경우, 그 심리 상태가 고귀한 것이 아니라 집착이거나 편중된 경우가 더 많다고 봅니다.

예를 들면, 남편이 아내를 극진하게 돌봐줘서 남편 없인 못 산다고 하던 여자분이 있었는데, 어느 날 남편이 돌아가셨어요. 그래서 제가 남편 잃은 슬픔을 위로하러 갔어요. 그 여자분이 나를 붙들고 눈물을 쏟으며 하는 말이 "아이고 스님, 남편 죽고 이제 혼자 어떻게 삽니까?"였어요. 그 소리를 들으니 정신이 번쩍 들더군요. 그 분은 죽은 남편이 아니라 자기가 어떻게 살지를 걱정하는 겁니다. 또 좀 있더니 "아이고, 저 자식 둘을 데리고 어떻게 살지요?" 아버지 없는 자식을 걱정하는 것이 아니라 자식 키울 자기를 걱정하는 겁니다. 그게 사랑이라는 겁니다. 죽은 남편보다 산 자기를 걱정하고 있잖아요.

코가 비뚤어지고 다리가 없는 남자를 보자마자 첫눈에 반했다는 말 들어 본 적 있어요? 없을 겁니다. 인물 잘나고 돈 많고 목청 좋고 마음씨 착한 사람을 보자마자 반했다는 이야기는 많지요. 그러니까 보자마자 반했다는 그 사랑은 이기심이라는 말입니다. 이렇게 확실히 알고 사랑을 하면 눈물의 씨앗이니 미움의 씨앗이니 하는 말이 없겠지요.

자신을 극진히 잘 보살펴 주던 남편이 죽고 이 여자가 혼자 외롭게 살게 되면서 그리움을 달래 줄 다른 남자가 필요했어요. 그래서 여러 남자를 소개 받았지만 죽은 남편만한 사람이 없더랍니다. 다른 남자하고 데이트를 하거나 커피를 한 잔 마시거나 차를 탈 때도 늘 머릿속에서는 죽은 남편을 생각하고 비교하는 겁니다. 이 여자한테는 이게 남편에 대한 사랑인데, 사실 이것은 죽은 남편이 이 여자를 구속하고 있는 겁니다. 그래서 이 여자는 다른 남자를 사귈 수가 없는 것이지요. 즉 스스로 울타리를 쳐서는 자기를 소외시키는 겁니다. 그래서 불행하게 살았어요. 늘 지나간 옛날을 생각하면서 그 속에 빠져 살았어요. 그러니 늘 외롭고 괴로웠지요. 그러다 결국 자살하고 말았어요. 자살은 사랑이 아닙니다. 일종의 정신 이상 상태예요. 그 꿈과 환상에 빠져서 결국은 현실의 자기를 포기하게 된 것이지요.

우리가 말하는 관세음보살님의 사랑은 그런 남녀간의 사랑과 달라서, 상대에 대해 깊이 이해하는 것입니다. 관세음보살님 같은 사랑을 하는 것이 수행자인데, 이와 같은 사랑을 하면 상대방이 믿는 종교가 다르다는 것이 장애가 될 수 없겠지요. 다른 종교를 가졌다는 것이 장애가 된다면 여기에는 이해타산의 이기심이 숨어 있다고 봐야 합니다.

가치가 있고 없는 것은 존재 그 자체에 있는 것이 아닙니다. 우리가 어떤 용도와 목적으로 어떻게 이용하려 하는가에 따라 존재의 높낮음이 생기는 것입니다. 그래서 모든 존재의 실상은 공하여 인연 따라 일어난다고 하는 겁니다.

겸손하라 하면 비굴하기 쉽고
당당하라 하면 교만하기 쉬워요.

애인에게 낙태까지 하게 했는데, 죄를 씻을 수 있을까요?

부처님께서 당시에 바느질을 하다가 실수로 이를 한 마리 죽였는데, 그 죄로 등창에 걸려서 고생하시다가 열반에 드셨다는 이야기를 어느 스님의 글에서 읽었습니다. 그런데 저는 모기, 파리, 바퀴벌레를 실수로 죽인 것이 아니라 그냥 막 죽였고, 심지어 7년 전에는 사귀던 애인에게 낙태 수술까지 하게 했습니다. 살인까지 한 거죠. 그렇다면 저의 죄는 정말 무거워 씻을 수가 없을 것 같다는 생각이 듭니다.

우선 사물을 보는 각도가 다양하다는 것을 말씀드려야 할 것 같습니다. 보통 우리는 위대하고 전지전능하신 부처님께서 등창이 나고 설사하며, 아파서 돌아가실 수 있을까 하는 의문을 갖게 됩니다. 그렇다면 깨달으신 분과 그렇지 못한 나 사이에 무슨 차이가 있을까 하는 생각도 듭니다. 그러니까 그 점에 대해 뭔가 해명할 필요가 있다고 볼 수 있겠지요. 그래서 나온 것이 부처님의 전생 이야기입니다.

'현재가 아닌 과거 생에 했던 실수였지만 이 한 마리를 죽였고, 그 살생한 과보로 등창이 났다. 그러나 그 과보는 지은 인연에 비해 아주 가벼운 것이었다. 살생한 과보를 그대로 받는다면 죽어야 마땅하지만, 수행을 많이 하셨으니까 등창이 난 정도였다. 다른 공덕으로 옅어지긴 했지만, 그래도 지은 인연의 과보는 없어지는 것이 아니니 흔적이 조금 남아 등창이 난 것이다.' 라는 이야기죠. 이렇게 부처님의 전생 이야기는 사람들의 의문을 해명해 주면서 동시에 교훈을 줍니다.

첫째, 알게 모르게 지은 인연에 대한 과보를 받는 것이니, 자기에게 닥치는 갖가지 과보에 대해 원망하거나 괴로워하지 말고, 지은 인연의 과보라고 생각해서 달게 받으라는 것입니다.

둘째, 앞으로는 그런 인연을 짓지 말라는 교훈입니다. '살생하지 말고 훔치지 마라. 지금 잠깐 편하게 살기 위해 순가락 하나를 훔치면 나중에는 수만 배로 갚아야 하고 지금 조금 기분 나쁘다고 화 한 번 내면 나중에 수천 배의 재앙으로 돌아오니 그런 행동은 어리석은 일이다. 쥐가 쥐약 먹는 것과 같고 물고기가 낚싯밥 무는 것과 같다.'는 것이지요.

그런데 이런 식의 설명은 세속에서 인연법을 알고 지키고 살아감으로써 인간이 좀더 성실하게 살아가는 데는 큰 도움이 되지만, 깨닫지 못한 사람의 해명이라 생각됩니다. 설령 그가 깨달은 사람이라 하더라도 여전히 세간의 사고방식을 갖고 있다고 볼 수 있어요. 왜 그런가 하면, 깨달음이란 술 안 마시는 것에, 파를 안 먹는 데, 육체적으로 건강한 데 있는 게 아니기 때문입니다. 깨달음이란 세간의 것을 뛰어 넘은 세계이기 때문입니다.

그런데 질문한 부처님의 과보 이야기는 병든 것은 나쁘다고 전제하고, 왜 이런 나쁜 일이 부처님 같은 위대한 분에게 일어났는지를 설명하고 있어요. 상에 집착한 견해지요. 그래서 세속에서 말하는 다섯 가지의 복, 즉 돈 많고 지위 높고 명예 있고 건강하고 자식이 잘 되는 복이 있으면 전생에 좋은 일 해서 이런 일이 이루어졌다고 하고, 그렇지 못하면 전생에 뭔가 잘못해서 그런 결과가 생긴 것이라고 설명합니다. 결국 오복이 좋은 것이라는 말인데 그게 세간의 사고라는 겁니다. 그것이 좋다 나쁘다 하니까 거기에 대해 해명해야 하고요.

깨달음은 몸이 건강하거나 병약한 것, 병나고 병 안 나는 것과 무관한 것입니다. 나이 들면 늙고, 병나면 아픈 것입니다. 음식을 제대로 못 먹으면 몸이 마르고 많이 걸으면 다리가 아픈 것이지, 그런 것은 깨달음과는 무관합니다. 우리가 깨끗하다, 더럽다 하고 상을 짓고 스스로가 더러운 데 빠지면 중생이라 하고, 더러운 것을 버리고 깨끗한 것을 취하면 청정하다 합니다. 그러나 깨달음의 세계는 더러운 것을 버리고 깨끗한 것을 취하는 세계가 아니라, 본래 더럽고 깨끗함이 없는 줄 깨친 까닭에 버릴 것도 취할 것도 없는 세계입니다.

병든 몸이라 해서 나쁜 것도 아니고 건강하다 해서 좋은 몸도 아니고 그대로가 진여(眞如)입니다.

병든 몸으로도 깨칠 수 있고 병들었기 때문에 못 깨칠 수도 있어요. 병들어 아픈 데 집착하면 오히려 수행하기 어려워지고, 병들었을 때 이 몸이 무상한 줄 알아 버리면 도리어 깨달음의 길로 가게 됩니다. 유마 거사는 병들었을 때 병문 안 온 사람들에게 깨우침을 줬어요. 제법이 여여한 줄 알면, 거기에는 인(因)도 연(緣)도 없고 과(果)도 없는 것입니다. 그런 차원에서 보면 이 얘기는 사물을 분별하고 그 분별 망상의 원인을 찾으려고 한 것이라 할 수 있어요.

그러면 이런 것은 필요 없느냐? 그건 아닙니다. 인생사에서 우리가 분별 망상을 일으키면 곧 중생이 되고, 중생의 세계에서는 인연과의 법칙이 철두철미하게 성립합니다. 우리가 중생 세계에 있을 때에는 이런 전생 이야기가 우리 인생에 많은 교훈이 됩니다. 그러나 부처님은 분별 망상을 떠난 세계에 있고, 그 인연의 과보를 논하는 것은 아직도 우리가 망상의 세계에 있기 때문이라는 것을 알아야 합니다.

중생 세계에서 살 때는 내 목숨이 소중하듯이 다른 사람의 목숨, 다른 생명의 목숨도 소중한 줄 알아야 합니다. 우리는 자기 중심적으로 생각하며 살고 있어요. 자기 눈에 보이지 않으면 양심의 가책도 별로 안 느끼고, 질문자가 말씀하신 대로 필요 없다 생각하면 제 자식도 죽여요.

우리는 선량한 존재가 아닙니다. 이런 그대로의 모습, 범부중생임을 인정하는 것은 아주 중요합니다. 그렇다고 낙태를 시키고 모기와 파리를 죽이고 바퀴벌레를 죽인 죄인이라

해서 매일 가슴 아파한다면 괴로워지겠죠? 그러나 불법은 우리에게 이러한 괴로움에서 해탈하는 길을 가르치고 있어요. 이런 과보를 알아서 이런 인연을 가능하면 짓지 마라, 그리고 이미 지었으면 과보를 기꺼이 받아들이라는 것이지요. 망상에서 깨어나 버리면 그 일들이 꿈속에서 살인한 것과 같다고 가르치고 있습니다.

 99명을 죽인 살인자 앙굴리말라가 걷고 계신 부처님을 죽이려고 달려오면서 "멈춰라!" 하고 고함치는데 부처님께서 그냥 웃으면서 하신 말씀은 "나는 이미 멈춘 지 오래다. 멈추지 않은 것은 너다."였어요. 이런 뜻밖의 대답에 앙굴리말라는 무슨 소린가 해서 문제 의식을 갖게 되죠. 이 순간에는 죽이겠다는 살심이 남아 있지 않습니다. 오직 살인의 일념에 쏠려있던 그 미망에서 한발 빠져 나온 순간이기 때문이죠.

 그런데 부처님의 말씀은 무엇을 말합니까? 여래란 갈 곳도 올 곳도 없는 경지에 있는 자를 말합니다. 비록 그가 간다 해도 간 것이 아니고 온다 해도 온 것이 아니라는 말이지요. 금강경에서, '부처님에게 간다, 온다, 앉는다, 눕는다고 말을 한다면 그것은 부처님을 비난하는 것'이라고 한 것은 부처님은 마음이 분별을 떠나 고요한 상태에 있는 분이기 때문이지요.

그 말에 멈추지 못하고 있는 것은 자기라는 것을 알게 된 살인자는 순간 정신이 퍼뜩 들어요. 완전히 미쳐 있다가 정신을 차리니 자기가 엄청난 범죄를 저질렀음을 알았어요. 그래서 무릎을 딱 꿇고 부처님께 "이 일을 어찌 하오리까?" 하고 묻습니다. 망상에서 깨어서는 "저 같은 사람도 구원의 길이 있겠습니까?" 하니까 부처님께서 제자로 받아들이셨습니다.

그러니까 우리는 자기가 범부 중생임을 알고 항상 겸손하게 살아가야 하겠지요. 그리고 그런 존재임을 알고 가능하면 생명을 죽이지 않는, 그런 세상을 만들어 가야 하지 않겠습니까?

나이 들면 늙고, 병나면 아픈 것입니다.

결혼을 하려는데
궁합이 안 좋대요

결혼하려 하는데, 어머니가 궁합을 보셨어요. 그런데 그 사람 사주가 너무 안 좋아서 결혼하면 제가 죽는다고 하더랍니다. 그래서 처음에는 그 결혼에 아주 심하게 반대하셨는데, 최근에 또 다른 곳에 가서는 아주 좋다는 얘기를 들으셨나 봐요. 그래서 부모님께서 좀 혼란스러워 하십니다.

참회를 하면 전생의 업이 많이 닦인다는 것이 제겐 큰 도움이 됩니다. 스님께서 수행자에게는 사주나 운명이 없다고 말씀하셨는데, 전생의 업이나 업장이 쌓여서 현생의 과보가 될 경우, 제 보기엔 그것도 사주나 운명과 비슷한 의미일 것 같은데, 확실히 구분이 안 됩니다.

업이란 습관을 말하는데, 습관이란 무의식적 행위를 말합니다. 업은 세 가지로 나눌 수 있습니다. 행동의 업인 신업(身業)과 말의 업인 구업(口業), 생각의 업인 의업(意業)이지요.

담배를 많이 피우는 사람의 혈액 속에는 니코틴이 많아요. 그 양이 어느 정도 줄어들면, 몸에서 니코틴을 요구합니다. 그래서 담배를 피우고 싶어지는데, 이것이 신업입니다. 그런데 감옥에 들어가면 담배를 못 피우잖아요? 그렇게 두세 달쯤 지나면, 담배 피우는 육체의 습은 저절로 없어집니다. 그런데 3년 감옥살이해서 담배를 끊었다가도 출옥하는 순간 애연가가 맨 먼저 하는 일은 담배를 사서 한 대, 입에 무는 겁니다. 그래야 감옥에서 나온 기분이 든다고 해요. 이럴 때 이건 의업이지요. 신업은 다 없어졌는데, 여전히 습이 마음에 남아 있어서 하게 되는 행동이지요.

그리고 사투리를 습관적으로 쓰는 사람이나 욕을 잘하는 사람은 그걸 의식하고 있을 때는 고쳐지지만, 기분이 좋거나 나쁘거나 하면 그냥 툭 튀어나와요. 이것이 입으로 짓는 구업이지요. 습 끊기가 어렵다 하는 게 이런 겁니다.

어떤 사람이 나와 한 시간 동안 이야기하면서 담배를 열

개피 피웠다고 할 때, "너, 어제도 담배 피웠지?" 하면 거의 100% 맞지요. '어제 만나지도 않았는데 어떻게 알까?' 하지만 지금 하는 짓을 보면 안 보고도 어제 한 일을 알 수 있지요. 어떻게 보면 신기하다고도 할 수 있지만 사실은 하나도 신기하지 않아요. 과보를 보면 지은 인연을 알 수 있기 때문입니다. 또 내일 일도 짐작할 수 있지요.

그러나 지금 하는 행동을 보고 '과거에 담배 피웠지?' 하는 것은 거의 100% 맞지만, '내일도 담배 피울 거야' 하는 것은 99%만 맞아요. 담배 끊을 가능성이 희박하긴 하지만 그래도 가능성이 있기 때문입니다. 과거에 했다 해서 미래에도 반드시 그렇게 하게 되는 건 아니라는 것입니다. 반드시 그렇게 한다면 우리는 인생의 주인이 될 수 없겠지요.

수행자는 자기 인생의 주인으로 사는 사람입니다. 설령 습에 끌려가더라도 끌려가는 줄을 안다는 것이지요. 이 말은 과보를 기꺼이 받아들인다는 뜻입니다. 그 과보가 싫으면 본인이 그만둘 수도 있습니다. 그래서 지은 인연의 과보는 달게 받고, 그 과보가 싫으면 다시는 그런 인연을 짓지 말라고 하는 겁니다.

사주가 안 좋고, 궁합이 안 맞는다고 하는 것은 현재의 삶이 만족스럽지 못하다는 뜻이지요. 현재가 불만족스러우니까 '왜 나는 이럴까' 하고 생각하다가 사주가 나쁘다느니 궁합이 안 맞아서 그렇다느니 하고 이야기하게 되는 것 아니겠어요?

예를 들어 결혼 생활이 힘들다고 합시다. 남편이 매일 술 먹고 늦게 들어와서 못 살겠다고 할 때, 인생 길의 선택 가능성은 여러 가지가 있습니다. 이렇게 사는 게 정말 싫다고 한다면 '안녕히 계십시오.' 하고 다른 길을 갈 수도 있고, '사는 게 이런 것이구나!' 하고 크게 깨닫고 출가하여 승려가 되는 길도 있고, '얼마나 답답하면 저렇게 술을 먹을까' 하면서 보살펴 주는 길도 있습니다. 길에 좋은 길, 나쁜 길이 있는 것은 아닙니다. 길은 자신의 선택일 뿐입니다. 실패가 큰 교훈을 가져다주었다면 그것은 큰 성공이라 할 수 있지요.

그런데 매일 남편한테 바가지나 긁고 죽겠다고 아우성치면서도 자식 때문에 살아야지 하면서, 이럴까 저럴까 방황하는 것은 욕심 때문입니다. 이 욕심이 모든 불행의 원인이며, 모든 재앙을 자초하는 것이며, 업이니 사주니 궁합이니 하는 것들의 근본입니다. 이 욕심의 뿌리를 뽑지 않고 드러난 모습만 가지고는 아무리 이렇게 저렇게 해결하려고 해도 잘 안 됩니다. 이 욕심을 버려야 합니다.

남편에게 덕 보려는 생각을 버리고 남편을 도와주려는 마음을 내면 인생이 변합니다. 술 먹는 남편의 허전한 마음을 부모가 자식 보살피듯 다독거려 주고, 술 좋아하면 술 받아다 주고, 속 쓰리다 하면 해장국 끓여 주면서 늘 보약 달여 주듯이 보살피면 상황이 바뀌겠죠. 내가 덕 보려고 하기 때문에 나쁜 사주가 있는 것이지, 그를 돕겠다고 하는데 나쁜 사주가 어디 있고 나쁜 궁합이 어디 있겠어요? 남편이 성 불구이면 결혼하고도 순결을 지킬 수 있어 좋고, 남편이 잠자리에서는 괜찮지만 자식을 못 낳는 불임이면 성 생활을 즐기고 자식은 안 낳아도 되니까 좋지요. 그러니까 생각을 어떻게 하느냐에 따라 장애가 장점이 되기도 하고 단점이 되기도 합니다. 그러니 한 생각 바꾸는 이 깨달음의 길에서는 사주나 팔자, 궁합 같은 소리는 어린애 꿈같은 소리입니다.

그러나 여러분이 중생의 업을 가지고 살아가는 삶에는 사주도 있고, 팔자와 궁합도 있고, 전생의 업도 있고, 과보도 있습니다. '업이나 사주가 없다'는 말에서 그 '없다'는 뜻을 바르게 알아야 합니다. 오늘까지 담배를 많이 피웠다 해도 한 생각 탁 바꿔 버리면 담배를 끊을 수 있어요. 해탈이란 바로 이 세계를 말하는 겁니다. 그런데 생각을 안 바꾸면 내일도 담배를 피우겠죠? 그렇게 되면 내일 담배를 피우는 것이 이미 정해져 있어서 아무리 애를 써도 못 끊어요. 그렇게 되면 그는 전생의 과보를 받는 겁니다.

질문하신 분은 지금 결혼해서 남편에게 덕 보려는 생각을 갖고 있어요. 그런데 덕 볼 생각으로 결혼하면 평생 고생할 겁니다. 그러나 돕는다는 마음으로 살면 결혼하든 안 하든 아무 문제가 없을 거예요. 잘 생각해 보세요. 이 사람 저 사람 선을 보는 건 조금 더 덕 많이 볼 사람 고르는 것 아닐까요? 그래서 스무 명 중에 한 사람을 골라서 결혼하면 결혼 후 제일 못한 사람을 골랐다고 후회하게 됩니다.

그러니 지금 결혼하겠다, 안 하겠다 해서 사주팔자 보러 다니지 말고, 사주가 그렇게 나왔다 하면 사주를 그럴 수 있는 가능성의 하나로 여기세요. 그래서 '내가 결혼을 너무 가볍게 생각하였구나.' 하고 백일쯤 기도문을 가지고 기도하는 게 좋아요. 기도하면 자기 업을 알게 됩니다. 예를 들어 자기 업이 칼 같은 것이라면 칼을 버리는 길도 있고, 날카로운 것을 이용해서 그 장점을 살리는 길도 있어요. 꼭 바꿔야만 좋은 건 아닙니다. 자기 업이 날카로운데 그 성격 가지고 솜털같이 살겠다고 하면 자기가 잘 안 고쳐지니 인생에 늘 좌절이 와요. 또 날카로운 것이 좋다고 주장해도 인생은 괴롭습니다. 나무토막 같은 남편을 만나 칼 자랑을 하다 보면 남편이 죽게 되지요. 남편이 몽둥이로 나를 때리는데 죽긴 남편이 죽어요. 이때 남편에게 맞고 사는 것도 억울한데, 또 세상 사람들은 '남편 잡아먹은 여자'라고 욕까지 하니 얼마나 억울하고 분해요? 스님께 하소연하면 '남편한테 잘해라. 그리고 참회해라.' 하니 더욱 화가 나죠. '참회는 자기가 나한테 해야지 왜 내가 자기한테 하나?' 이런 생각도 들겠지요. 그렇지만 칼 같은 성향 때문에 그렇게 된다는 것을 알아서 결혼 안 하고 혼자 살면서 그 예리함과 강함을 사회에서 사용하면 아주 큰 도움이 됩니다. 그러나 결혼하려거든 숙여야 합니다. 몽둥이로 때리면 칼이 미리 피해야 한다는 말입니다. 그렇게 숙여야 나도 살고 상대방도 살아요.

우리는 어제부터, 1년 전부터, 저 전생부터 만들어진 사고나 행동, 말의 습관이 어떻게 되어 있는지를 잘 몰라요. 그러니 정진해서 자기 업을 알아야 합니다. 그래야 자기가 잘못돼도 남 탓하지 않고 다시 일어설 수 있고, 자기를 고치든지 특성을 살리든지 할 수 있어요. 이것을 알려면 마음이 아주 고요해야 합니다. 자기에게 일어나는 모든 느낌에 깨어 있어야 합니다. 그런 느낌에 깨어 있을 때, 자기를 우월하게 생각하거나 열등하게 생각하지 않고 다만 내 업이 그럴 뿐이라는 것을 알게 됩니다. 업에는 좋고 나쁜 게 없어요.

지금은 백일 동안 정진하는 게 가장 중요합니다. 그렇지 않으면 후회하게 돼요. 남의 얘기 듣는 것만으론 자기 것이 안 됩니다. 자꾸 귀만 고급스러워져서 도리어 병이 될 수도 있어요. 법문 듣고 가슴에 탁 새겨지면, 그 다음엔 참회 기도하고 '깨달음의 장' 수련회도 갔다 오고 하면서 부지런히 정진해야 합니다. 늘 자기 상태에 깨어 있어야 합니다. 그래야 경계에 흔들리지 않습니다. 그리고 설령 경계에 흔들렸어도 오뚝이처럼 금방 본래 자리로 돌아와요. 그러면 업의 노예가 아니라 업의 주인이 될 수 있습니다.

인생 계획은
어떻게 세워야 합니까?

지난 번 법문 중에 스님께서는 '인생에는 계획이 없고 일에는 계획이 있다'고 말씀하셨는데, 만약 인생에 대한 계획이 없다면 다만 인연 따라 사는 것인지요? 또 그 인연이라는 것도 스스로 만드는 것이니 지혜로운 인연을 맺을 수도 있고 어리석은 인연을 맺을 수도 있는데, 살아가면서 내 나름대로 존재의 이유를 찾으려고 해야 하지 않을까 하는 생각도 듭니다. 그리고 만약 자기가 계획했던 일이 이루어지지 않았을 때, 물론 상황 따라 다르겠지만, 포기해야 하는 시점을 언제로 잡아야 하는지 궁금합니다.

질문이 두 개라 생각되는데, '인생에는 계획이 없고 일에는 계획이 있다'는 이야기는 제 개인 이야기였어요. 저는 인생을 어떻게 살 것인가 계획을 세워놓고 살지 않는다는 말입니다. '스님이 되어야겠다, 결혼해야겠다, 뭐가 꼭 되어야겠다.' 하는 생각이 없다는 거죠. 그런데 '난민을 도와야겠다, 북한에 식량을 주어야겠다.' 하는 생각이 들면 연구도 많이 하고, 계획도 치밀하게 세우고, 검토도 많이 하고, 답사도 많이 합니다. 일은 검토도 많이 하고 계획을 세워서 가능한 한 치밀하게 하는 게 좋고, 인생은 인연 따라 사는 게 좋다는 것이 제 인생관입니다. 모든 인생이 그렇다는 이야기는 아니었어요.

존재의 이유가 뭐냐고 묻는 사람이 많습니다. 이유가 있어서 존재하는 것이 아니고 존재하기 때문에 사람이 자꾸 이유를 찾는 거예요. 존재에는 이유가 없어요.

'너 어떻게 살래?' 하면 '어떻게'라는 것에 관해서는 생각해 볼 수 있지만, 왜 사느냐고 자꾸 물으면 '안 죽어서 산다.'고 하지요. 사는 데 무슨 이유가 있겠어요? 이유가 있어서 사는 게 아니라 지금 그냥 살고 있는 겁니다.

어떤 일에 대해 계획을 세워서 하다가 계속할 것인지, 포기할 것인지 질문했는데, 어떤 남자를 좋아해서 따라다니는데 끝까지 따라 다녀야 할 것인지, 안 될 게 뻔하니까 그만

포기하는 것이 좋을 것인지 뭐 이런 얘기겠지요. 포기하는 시점이 언제면 좋겠느냐? 그건 고민할 필요가 없어요. 고민하는 것은 욕심 때문입니다.

어떤 일을 할 때는 되느냐, 안 되느냐가 그리 중요하지 않습니다. 성공과 실패를 중요하게 생각하기 때문에 자꾸 그런 생각을 하게 되는 겁니다. 일을 하기로 했으면 성공과 실패를 생각할 게 아니라, 어떻게 하면 되겠느냐만 생각하면서 연구하는 겁니다. 될까 안 될까 하는 것은 번뇌예요. 안 되면 이렇게 저렇게 해 보는 그것이 재미고 인생입니다.

안 되었다면 실패한 것이 아니라 계속 그 일을 해야 하는 것이고, 되면 성공한 게 아니라 그 일이 끝난 것이어서 다른 일을 해야 하는 것입니다. 수행자는 살면서 내가 얼마만큼 많은 일을 해야겠다는 생각 같은 것은 안 하기 때문에, 어떤 일 하나만 가지고 죽을 때까지 해도 상관없고, 해 보니 금방 이루어져서 죽을 때까지 만 가지 일을 해도 상관없지요. 그러니 돼도 일하고 안 돼도 일하고 사는 것입니다. 그러므로 하기로 했으면 되도록 연구를 해야 합니다.

그래서 한 번 안 되고 두 번 안 되고 세 번, 네 번 안 되고 다섯 번째 시도해도 안 된다고 하면 좌절하느냐? 아닙니다.

이렇게 해도 안 되고 저렇게 해도 안 되고 이것도 저것도 안 되면 앞으로는 될 확률이 자꾸자꾸 더 높아지지요. 그래서 '실패는 성공의 어머니'라고 말하는 것 아닙니까. 실패했다는 것은 '아, 이 방법으로는 안 되는 것이구나.' 하면서 하나의 방법을 찾아냈다는 말과 같습니다. 즉 성공할 확률이 점점 가까워지게 되는 겁니다. 그래서 실패는 좌절로 가는 것이 아니라 성공의 어머니가 되지요.

'그래, 내가 할 수 있는 데까지 다했는데도 안 됐다.' 그러면 포기하는 겁니다. 방법이 없는 것이니까요. 그러면 실패한 거냐? 아닙니다. 내가 이 일에 더 이상 애를 안 써도 된다는 걸 안 거지요. 일을 성공시켜서 일을 마치는 것이나, 안 되는 일이라는 것을 확실히 알아서 정리하는 것이나 결과는 마찬가지 아닙니까? 일이 하나 끝난 거지요.

그래서 남이 볼 때는 성공했다, 실패했다 하지만 본인의 인생에는 성공이나 실패가 그리 중요한 것이 아닙니다. 실패하면 계속 연구할 거리가 생기는 것이고, 성공하면 다른 일로 넘어가면 되는 것뿐입니다.

법륜스님의 즉문즉설 卽問卽說

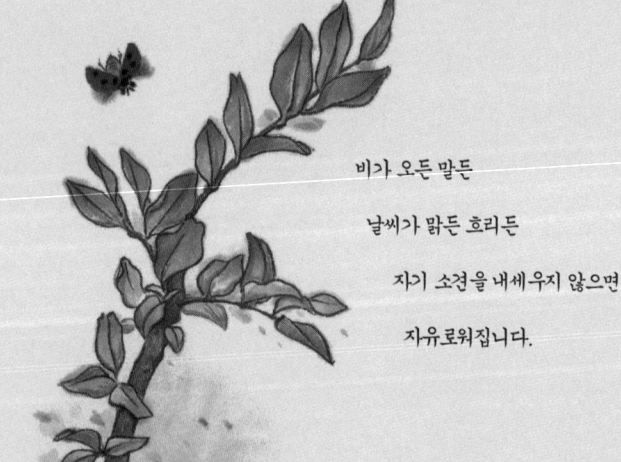

비가 오든 말든

날씨가 맑든 흐리든

자기 소견을 내세우지 않으면

자유로워집니다.

2부

걸림없는 가벼운 인생

억울한 일을 당해도
밝히지 말아야 합니까?

보왕삼매론에 보면 열 번째가 '억울함을 당해서 밝히려고 하지 마라. 억울함을 밝히면 원망하는 마음을 돕게 되나니, 그래서 부처님께서 말씀하시기를 억울함을 당하는 것으로 수행하는 문을 삼으라 하셨느니라.' 입니다. 그런데 억울함을 밝히면 원망하는 마음을 돕게 된다지만, 억울한 것을 밝히지 않았을 경우 막대한 재산상의 손해가 오기도 하고, 경우에 따라서는 목숨까지 내놓게 될 수도 있습니다. 그래서 이해가 잘 안 됩니다.

보왕삼매론에 나오는 열 가지 중 제일 받아들이기 어려운 것이 열 번째 것입니다. 늘 읽어도 '이게 아닌데' 하는 생각이 들 수 있는 부분이죠. 저도 젊었을 때 이 부분이 정말 받아들이기 어려웠어요.

 '억울하다'는 것은 내가 옳다는 이야기지요? 복잡한 버스 안에서 어떤 사람이 내 뺨을 딱 때리면 성질 나지요? 맑은 날에 날벼락 맞기잖아요. 억울하고 분하기 이를 데 없죠. 그런데 발을 보니 내가 상대편 발을 밟아서 그 사람의 발가락이 부러졌어요. 그걸 알면 내 마음이 어떻겠어요? 뺨을 한 대 맞고도 '아이고, 죄송합니다.' 하고 사과하지요. 그런데 남의 발을 밟은 줄 모르면 억울하고 분하기만 하죠. 이처럼 자기 지은 인연을 모르면 그 과보가 억울하고 분합니다.

 지은 인연을 모르면 '왜 내 뺨 때리나?' 하고 화를 발끈 내게 되고, 그러면 상대방은 더 화나겠죠. 그런데 스스로 안으로 돌이켜 자기 발 밑을 보게 되어 상대방의 발등을 밟은 줄 알게 되면 미안하기만 하고, 억울하고 분한 마음은 사라집니다. '죄송합니다.' 할 때는 이미 억울하고 분하다는 생각은 흔적조차 없이 사라졌다는 말이지요.

 자기가 지은 인연을 알지 못하고 남 탓하게 되면 잘하고 못하고를 따져 분을 풀려고 합니다. 그러면 그 분풀이 대상이 되는 상대는 다시 억울하다는 생각을 가집니다. 비록 힘으로는 졌지만 여전히 자기가 옳다고 생각하니까요. 그러니까 원망하는 마음을 돕게 된다고 하는 겁니다. 그래서 내가 상대를 원망하는 마음을 밝히면 그가 다시 나를 원망하는 마음을 불러일으켜서, 원수가 원수를 낳는 원한 관계를 맺게 됩니다. 내면으로 돌이켜, 다시 말해 발 밑을 보고 지은 인연을 알아서 "죄송합니다." 하고 참회하게 되면 그 원망하는 마음은 흔적도 없이 사라지게 된다는 의미입니다.

지은 인연을 알면 모든 게 다 편해진다고 하셨는데요. 지은 인연은 어떻게 알 수 있습니까?

살생을 하면 단명의 과보가 따릅니다. 우리는 누구나 자기 목숨을 소중히 여겨요. 그래서 누가 나를 죽인다는 말만 해도 원한을 품고, 죽이면 세세생생 그 원수 갚으러 다녀요. 자기가 못 갚으면 형제나 부모, 친구가 원수를 대신 갚지요. 원수를 갚는다는 것은, 살생한 그 사람을 죽이는 것이지요. 즉 살생한 사람에게 재앙이 닥치게 되지요. 그렇다면 어떤 재앙이 오는지 볼까요?

원수를 갚는다고 칼로 찔러 죽이면 단명의 재앙이고, 찔렀는데도 상대가 안 죽으면 평생 병신 되니까 살생한 사람에게 질병의 재앙이 됩니다. 그렇게도 안 되면 상대가 평생 살생한 사람을 욕하고 다니겠죠. 그게 비난의 재앙이에요. 그러니까 살생을 하면 단명과 병고와 비난의 과보가 따르는 거예요.

죽어 갈 때 누가 살려주면 엄청나게 고맙죠. 생명의 은인이라고 뭐든지 다 해 주려고 해요. 동물도 죽어 가는 것을 살려 주면 은혜를 갚아요.

문경 새재에 이런 이야기가 있죠. 어떤 선비가 까치 새끼를 잡아먹으려고 하는 뱀을 화살을 쏘아 죽였다가, 그 날 밤에 뱀한테 물려 죽을 뻔 했다는 이야기지요. 그 때 뱀이 말하기를 종이 세 번만 울리면 자기가 승천하니까 그렇게 되면 살려주겠다고 했죠. 그런데 갑자기 종이 울렸지요. 종이 울리자 뱀은 용이 되어 날아가고, 선비는 목숨을 건졌어요. 그 종 밑에 달려가 보니 어제 살려 줬던 까치 새끼 세 마리가 날아와서 종에다 머리를 부딪쳐 종을 울리고는 죽어 있더라는 이야기 말이에요.

죽어 가는 생명을 살려 주면 그 생명이 은혜를 갚습니다. 그래서 복이 되고 공덕으로 되돌아와요. 그래서 '죽어 가는 생명을 살려 주어라. 그러면 많은 공덕이 있을 것이다.' 라고 이야기하는 겁니다. 그러니 "살생을 했거든 재앙을 기꺼이 받아들여라. 재앙을 받고 싶지 않거든 살생하지 마라. 복을 받고 싶거든 죽어가는 생명을 살려 주어라." 이렇게 부처님 말씀은 어느 누가 들어도 다 동의할 수 있는 이야기입니다.

저는 평생 건강했던 적이 없어요. 중학교 때도 100미터 달리기를 하면 온몸에 파란 반점이 생기면서 쓰러져서는 숨도 못 쉬었어요. 그 후로 지금까지 늘 몸이 아파요. 어느 부위가 딱 고장 난 것은 아니지만 전체적으로 늘 아파요. 이렇게 몸이 다른 사람처럼 건강하지 않을 뿐만 아니라, 또 잡혀가서 고문으로 죽을 뻔도 하고 감옥에도 갔었어요. 또 욕을 무지무지하게 많이 얻어먹었어요. 그것도 세상 사람들이 말하는 '좋은 일'을 하면서 말이지요.

굶어 죽는 북한 동포를 돕고 북한을 탈출한 북한 난민을 돕지만, 제가 북한이나 중국에 가면 감옥에 들어갈 확률이 높아요. 이런 관재수를 당하지 않으려면 그런 일 안 하면 되지만 저로서는 어떤 어려움이 있더라도 그런 일을 하고 싶습니다.

지난 생에 살생의 인연을 지어서 그 빚을 갚는 것이라고 생각해요. 예를 들어 조선 시대에 원님이 되어서 사람들을 잡아다가 엉덩이를 두드려 패고, 나쁜 놈의 목도 많이 쳤다면 청렴결백한 관리였을지는 몰라도 죽은 사람들과 그 사람 일가족은 원한에 사무쳤겠죠.

그 사람이 내게 맺힌 원한을 속 시원히 풀면 나는 어느 날 비명횡사할 것이고, 그 사람이 두고두고 원수를 갚으면 나는 항상 병석에 누워 살 것이고, 그 사람이 원수를 제대로 못 갚으면 나는 계속 욕 얻어먹고 살겠지요. 그러니 지금 몸이 약하고 욕 얻어먹는 것은 내가 지은 살생의 인연에 비해서는 과보가 매우 약한 것이지요. 지은 인연대로 받는다면 어느 날 길거리 가다가 비명횡사해야 하는데 그래도 안 죽고 살아 있잖아요. 얼마나 고마운 일이에요. 지은 인연으로 보아서는 죽어야 마땅한데 그 십 분의 일, 백 분의 일의 과보도 안 받았지요. 그런데도 그걸 모르면 억울하고 분하지만, 그걸 알면 억울하고 분할 일이 없는 것이지요. 이 정도로 욕만 좀 하고 때리지 않는 것만 해도 고맙고, 설령 몇 대 맞았다 해도 안 죽이는 것만으로도 고맙고, 비실비실 아프지만 아무 것도 못하고 병석에 드러누워 있는 것에 비하면 얼마나 좋습니까.

이렇게 지은 인연을 알면 현재 내게 주어진 과보를 기꺼이 받아들여요. 이치를 알게 되면 이런 인연의 과보에 대해 억울해 하고 분해 하기보다는 지은 인연에 대해 참회를 하게 됩니다. 두드려 맞고서도 '죄송합니다.' 하게 됩니다. 빚진 사람은 돈을 갖다 갚으면서도 욕 얻어먹죠. "야, 한꺼번에 가져오지, 왜 요거밖에 안 가져왔어?" 이러면 "아이고, 죄송합니다. 다음에 더 갖다 드릴게요." 하고 그 사람한테 죄송하다 그러잖아요.

보살은 일체 중생을 구제하되 내가 구제한다는 생각이 없고, 일체 중생을 돕되 내가 돕는다는 생각이 없어요. 빚 갚는다는 마음으로 행하므로 기대하는 마음이 없는 겁니다. 인연 지은 줄을 알고 그 과보를 기꺼이 받아들이면 빚진 이가 바로 보살행을 하게 됩니다. 그래서 좋은 인연, 나쁜 인연이 없다고 하는 겁니다. 지은 인연을 모르면 나쁜 인연, 좋은 인연이 있다고 말할 수가 있지만, 지은 인연을 알고 그 인연의 과보를 기꺼이 받아들이면 좋고 나쁨이 없습니다.

내가 만약 스님이 안 되고 불교 공부도 안 했다면 어땠을까요. 아마 말로 남의 마음을 아프게 하든지 판사가 되어 사형을 선고하든지 했을 것입니다. 원리 원칙대로 하는 성격이 강해서 그렇지요.

자신의 업식을 알 수 있는 방법에는 두 가지가 있어요. 하나는 무슨 인연을 지었기에 이런 과보가 오는지 보는 것입니다. 지금 담배 피우는 것을 보면 어제도 담배를 피웠겠구나 하는 것을 알 수 있는 것처럼 말이죠.

두 번째는 이 의식이 어떤 상황에 부딪쳤을 때 어떻게 일어나는지를 잘 관찰해서 자기 마음을 알 수 있게 되는 것입니다. '너 자신을 알라'는 말은 자기 업식을 알라는 말입니다. 깊은 명상에 들면 업식을 환하게 볼 수 있습니다.

스님 말씀 명심하겠습니다. 그런데 억울함도 밝히고 원망하는 마음도 갖지 않을 수 있을까요?

예. 그렇게 해서 억울한 마음, 원망하는 마음이 없는 상태에서, 즉 내가 억울하기 때문에 밝히는 것이 아니고 세상 사람들의 이익을 위해서 밝히는 경우가 거기에 해당합니다. 나는 이미 '죄송합니다.' 하면서 억울함이 없어졌지만 말입니다.

밝힐 때는 철저하게 밝혀야죠. 어떤 피해가 와도 끝까지 밝히는 거예요. 어떤 이익에도 유혹되지 않아야 합니다. 왜 나하면 나를 위해서 밝히는 게 아니고 세상을 위해서 밝히는 것이기 때문입니다. 그래서 용기가 필요하고, 지혜가 필요합니다.

그러니까 일단은 억울하고 분한 마음을 내려놔야 합니다. 억울하고 분한 마음에서 밝히게 되면 상대가 다시 원망하는 마음을 갖게 되어 저항하게 만들지만, 미워하고 원망하는 마음이 없는 상태에서 그것을 밝히게 되면 세상을 이롭게 만들어요.

과거에 우리가 해 온 사회 개혁 운동은 억울하고 분한 생각에서 저항하는 것이었어요. 그래서 새로운 역사를 창조하는 데 많은 한계가 있었지요. 이제 우리가 해야 할 것은 수행을 통해서 그런 것들을 극복하고 좀더 나은 세상을 위해서 밝혀 나가는 것이어야 합니다. 그래야 비로소 창조성이 생겨납니다.

내면으로 돌이켜 참회하면
원망하는 마음은 흔적도 없이 사라집니다.

달라는 대로 다 줘도 괜찮을까요?

참다운 보시에 대해 알고 싶습니다. 주는 사람은 받을 생각 없이 보시를 한다고 해도 받는 사람이 욕심이 너무 많아 업이 쌓이면 어쩌나 하는 생각이 듭니다.

자신이 한가하고 시간이 많다고 생각하십니까? 그래서 남의 인생을 걱정합니까? 다른 사람의 인생은 걱정할 필요가 없습니다. 내 삶도 제대로 못 챙기면서 왜 남의 인생을 걱정합니까? 그건 나나 남에게나 하등 도움이 안 되는 쓸데없는 걱정입니다.

보시라 부르는 것에 여러 가지 문제되는 일들이 있어서 '참다운 보시'라는 이름을 붙여서 그렇지 참다운 보시라 할 것도 사실은 없습니다. 주고 싶으면 그냥 주고, 주기 싫으면 안 주고, 그냥 그렇게 살면 됩니다. 편안하게 생각하십시오. 자기가 힘들게 벌었는데 굳이 남한테 줄 이유도 없고, 자기가 번 돈을 교회 갖다 주든 절에 갖다 주든 그것 때문에 남한테 간섭받을 필요도 없습니다. 본인이 좋으면 주고, 싫으면 안 주는 것이지, 그것을 다른 누가 어떻게 주라, 주지 마라 하겠습니까? 생각을 이렇게 바꾸어야 합니다.

제 인생을 돌아보면, 고등학교 1학년 때 부모님 말씀도 안 듣고 학교 선생님 말씀도 안 듣고 절에 들어갔습니다. 이것은 천하 고집불통이고 남의 말이라고는 눈곱만큼도 안 듣는 것에 속하죠. 좋게 말해서 어릴 때 출가를 한 것이지 나쁘게 말하면 말썽꾸러기입니다. 부모 입장에서 보면 차라리 마약이나 마리화나를 피우고 어디 가서 도둑질이나 했으면 집에 데려올 가능성이라도 있지만, 출가를 했으니 그럴 가능성조차 없는 것이었지요.

우리는 말을 하면서 다른 사람이 내 말대로 할 것이라고 생각하는데, 그런 생각을 하지 말아야 합니다. 그래야 인생살이가 편해집니다. 내가 말하면 저 사람이 따를 것이라고 생각하기 때문에 상대가 말 안 들으면 피곤하고 화나고, 또 안 들을까 봐 겁나서 말도 잘 안 나오는 겁니다.

그리고 또 상담이나 법문을 하라고 하면, 자기 말이 잘 전달되지 않을까 봐 겁을 내요. 그러나 사람은 처음부터 남의 말을 잘 안 듣습니다. 나 자신부터가 그렇지 않습니까? 일하라고 해도 자기 마음에 들어야 하지, 자기 마음에 안 들면 죽어도 안 합니다.

이렇게 알고 기대하지 않으면 다른 사람과 함께 살기가 아주 편합니다. 내 말을 따를 거라는 생각을 하지 말고, 하고 싶은 말이 있으면 해 버리십시오. 내 말에 따라줘야 한다고 생각하기 때문에 어떻게 하면 말을 잘할까 눈치 보게 되고 할까 말까 망설이게 되는 겁니다. 처음부터 안 따라 줄 거라 생각하면 말하기가 쉬워요. 자기 생각을 그냥 말하는 것입니다.

듣고 안 듣고는 그 사람의 자유니까 '내 생각이 이러니 따라라'가 아니라, '내 생각에는 이렇게 했으면 좋을 것 같다.' 하고 가볍게 생각하면 말 내 놓기가 아주 쉽습니다. 우선 내가 말하기가 쉽습니다. 꿍 하고 입 다물고 있을 필요가 없어요. 그냥 가볍게 내 놓으면 됩니다. 그리고 상대방이 말을 듣든 안 듣든 간에 시비할 필요가 없어요.

보시도 마찬가지입니다. 자신이 주고 싶으면 그냥 주는 것입니다. 자신이 주고 싶어서 주고는 마치 남이 달라고 해서 주는 것 같이 생색을 내기 때문에 나중에 미움과 원망이 생기는 것입니다. 내가 주고 싶으면 주고 주기 싫으면 안 주면 됩니다.

그런데 달라는 것을 안 줬을 때는 욕먹을 각오를 해야 합니다. 형제 간이나 친구 간에 돈 십만 원만 빌려 주면 한 달 후에 갚겠다고 하는데 안 빌려 주면 욕할 만하지 않겠어요? 이렇게 안 빌려 주면 충분히 욕할 만하다는 것을 인정하는 것이 필요합니다.

그런데 우리 고민은 뭡니까? 돈을 주려고 하니 못 받을 것 같고, 안 주려고 하니 욕 얻어먹을 것 같고 머리가 아주 복잡해집니다. 그래서 저한테 물어봐요. 질문의 요지는 돈도 안 주고 욕도 안 얻어먹는 방법이 뭐냐는 것이지요. 돈 안 주고 욕 안 먹는 방법이란 다른 말로 하면 돈도 받고 욕도 안 듣고 칭찬 받길 원하는 것이지요. 이것은 '욕심'입니다. '돈 벌겠다는 것도 아니고, 돈 빌려 달라 하는데 빌려 줄까 말까 묻는 것이 어째서 욕심 때문이냐?'고 할 수 있겠지요.

돈이 아까워서 주기 싫으면 당연히 욕 얻어먹을 각오를

하고, 욕을 하면 "어이구, 미안합니다." 하는 마음을 내면 됩니다. 그러면 자기에게 상처가 안 됩니다. 그리고 주려거든 상대방이 한 달 후에 준다고 해도, 말은 그렇게 하지만 속으로는 안 받아도 그만이라고 생각해야 합니다. 그러면 자기 자신에게 이롭습니다. 돈을 줄 때 안 줘도 된다고 말하라는 것이 아니라, 한 달 후에 준다는 말을 믿지 말라는 말입니다. 이렇게 해야 '한 달 후에 주면 다행이고 안 줘도 그만'이라는 생각이 들어 마음이 편해집니다.

이렇게 상대방이 필요한 것을 가볍게 주고, 내가 못 주면 욕도 얻어먹고 해야 하는데, 보살님은 욕심을 부리고 있어요. 돈은 조금 주고 욕을 안 얻어먹고 복을 많이 받으려 하는 거지요.

제가 주기만 해도 괜찮다는 말씀입니까? 제게 돌아오는 것은 원하지 않더라도 그 사람이 좀 많이 가지려고 하는데도 제가 주고 싶은 마음으로 계속 줘도 상관없다는 말씀입니까?

그 사람이 욕심이 많다고 생각하고 있으면서도 어떻게 주고 싶은 마음이 일어납니까? 이것은 그 사람을 위해 돈을 주어야 하나 말아야 하나 하는 문제가 아니고, 자신이 욕 얻어먹는 것이 걱정되어 줄까 말까 고민하는 것입니다. 범부 중생은 자신만을 위해 살지 남을 생각하며 살지 못합니다.

자기를 알아야 합니다. 지금 보살님은 저 욕심 많은 사람이 달란다고 다 주면 저 사람이 혹시 잘못되지 않을까 하고 그 사람을 염려하는 것이 아닙니다. 사실은 주기 싫은데 안 주면 욕 얻어먹을 거리가 자꾸 생기니까 머리가 아픈 것입니다. 이렇게 생각해야 문제의 본질이 분명해집니다.

그 사람을 위해 안 줘야겠다는 생각이 들면 욕먹을 각오를 해야지요. 사람을 고치려면 뭔가 희생하지 않으면 안 됩니다. 돈 주기 싫으면 욕먹을 각오를 해야 하고, 욕먹기 싫으면 돈을 생각하지 마십시오. 내가 욕먹지 않으려고 돈을 주는 것이고, 욕 안 먹기 위해서 돈으로 칭찬을 사는 것입니다. 돈 주고 명예를 사는 것과 같습니다. 물건을 사듯이 돈을 썼을 뿐이라 생각해야 문제가 분명해집니다. 나를 위해서 보시하는 것이니 바라는 마음이 생기지 않겠지요.

참다운 보시는 바라는 마음 없이 베푸는 무주상 보시를 말합니다.

악몽 때문에
괴롭습니다

지난주에 나흘간 계속해서 악몽을 꾸었습니다. 첫 날은 뒷집 사람이 죽고 딸애가 죽는 꿈을 꾸고, 둘째 날은 전쟁이 나서 풍비박산하는 꿈을 꾸고, 또 여러 사람이 날 모함하는 꿈을 꿨는데, 현실하고는 전혀 관계없는 일이었어요. 꿈속에서 자유롭고 괴로움에서 탈피할 수 있는 방법이 없을까요?

물론, 있지요. 꿈을 깨면 되지요. 수행자는 꿈을 깨고 나서는 '꿈이네.', '꿈이잖아.' 할 뿐입니다.

우리는 우리의 감각 기관을 통해서 밖의 사물들을 인식합니다. 눈은 빛깔과 모양을, 귀는 소리를, 코는 냄새를, 혀는 맛을, 몸은 감촉을, 그리고 뇌인 머리는 법을 인지한다 해서 이 인식 대상을 육경 - 색성향미촉법(色聲香味觸法) - 이라

하고, 인식 기관을 육근 – 안이비설신의(眼耳鼻舌身意) – 라 합니다.

또, 눈이 빛깔과 모양을 인식하는 것은 안식이라 하고, 귀가 소리를 인식하는 것을 이식, 그리고 비식, 설식, 신식, 의식 이렇게 여섯 가지 인식 작용을 육식이라 합니다.

이렇게 인식 작용이 일어나는 것은 마치 TV에서 생방송하는 것과 같고, 또 인식된 것들은 사라지지 않고 그대로 뇌에 저장됩니다. 생각한다는 것은 녹화해 둔 비디오테이프를 보관하고 있다가 다시 돌리면 그 전에 일어난 상황이 생방송처럼 나타나는 것과 같습니다. 오온으로 설명하자면 바깥의 인식 대상인 색(色)이 여섯 가지 감각 기관을 통해 우리에게 인식되는 것을 수(受)라 하고, 그것을 이렇게 기록하고 저장해서 되뇌는 것을 상(想)이라 합니다.

우리가 과거를 기억하고 생각하는 것은 다 이렇게 인식, 저장, 재생하는 작용이 있기 때문에 그렇습니다. 그런 것들이 쌓여서 인식 작용의 주체인 식을 구성하는데, 총체적으로 잠재해 있는 그 식을 아뢰야식, 제8식(八識)이라고 해요. 8식에 저장되어 있는 것을 드러내어 재생하는 작용을 제7식, 말나식이라 하지요. 우리는 아뢰야식을 인식할 수는 없어요. 왜냐하면 8식은 인식의 주체이기 때문입니다. 8식의 일부가 표면 의식으로 드러날 때, 이 드러나는 식을 제7식이라 말하는데, 꿈은 그렇게 저장된 것에 의해 나타나는 하나의 재생 현상입니다.

'꿈'이란 과거에 있었던 경험이나 미래에 일어나리라고 상상하는 것, 즉 '이런 일이 일어나면 어떻게 할까?' 하고 걱정하는 것이 뒤죽박죽되어 나타나는 현상입니다. 눈에 본 것뿐만 아니라, 어떤 생각을 일으켜 걱정한 것도 다 저장, 기록됩니다. 그러니까 꿈은 뒤죽박죽이 되는 것입니다. 6식이 작용할 때 일어나는 갖가지 상념을 생각이라 하고, 6식이 쉬고 있을 때 일어나는 상념을 꿈이라 합니다.

예를 들어 말씀드리면, 제가 이렇게 법문 중에 남편에 관한 얘기를 하면, 여러분은 '남편'에서 연애, 다시 애인 생각을 하다가 또 그 생각이 애인과 함께 커피 마셨던 원두막으로 가고, 원두막 밑에 있었던 강아지 생각을 합니다. 법문은 듣고 있지만 생각은 꼬리에 꼬리를 물고 이동한다는 말입니다. 그런데 그것을 말이나 행동으로 표현하면 어떻게 되겠습니까? 뒤죽박죽이지요. 이렇게 되면 정신 이상자라 여겨지지요.

'정신 이상자'란 이렇게 자기 상념으로 일어나는 것이 다 현실로 인식되는 사람을 말해요. 미친 사람이란 꿈속에 있는 사람과 같은 겁니다. 그래서 그것을 다 말해 버려요. 한참 남편 얘기하다가 갑자기 애인 얘기하고, 강아지 얘기했다가는 금방 담배 얘기를 하는데, 정신 이상자는 이 상념이 통제가 안 됩니다.

그런데 그 사람의 상념이나 잠재의식 속으로 같이 들어가면 그게 하나도 이상한 게 아닙니다. 지금 여기 앉아 있는 여러분도 사실 다 그런 증상이 있거든요. 지금 내가 얘기하는 중에도 눈은 여기를 보고 귀는 열어 놔도, 생각은 완전히 딴 데 가 있는 사람이 많아요. 그러나 6식이 작용하는 한 그것이 바깥으로 표현되지는 않지요. 바깥에서 육근을 통해 들어오는 인식 작용이 멈추면 그 생각이 드러나지요. 그게 꿈입니다. 비유해서 말씀드리면 비디오테이프에 녹화해서 재방송하는 것이 꿈이고, 생방송이 나오는데 재방송 화면이 겹치면 망상이라 하지요.

명상한다고 앉아서 눈을 감고 있으면 처음에는 정신이 집중되고 조용하죠. 조금 있으면 온갖 생각이 스쳐 지나가지 않습니까? 그게 거의 꿈과 같은 상태입니다. 그런데 눈을 뜨고 있을 때는 망상이 있는지 잘 몰라요. 끊임없이 망상이 일어나는데 이 현실의 인식 작용이 워낙 선명하니까 그 망상이 제대로 인식되지 않는 거지요. 그런데 생방송을 탁 끄면 녹화 비디오테이프가 돌아가는 게 환하게 보이듯이, 마치 불을 켜고 보면 잘 안 보이다가 불을 끄면 환하게 잘 보이듯이, 눈을 감으면 망상이 좀더 선명하게 보이고 잠이 들면 꿈이 현실처럼 느껴지지요. 그러니까 꿈은 과거에 경험했던 것들의 되살림일 뿐만 아니라, 미래에 대한 염려를 나타내는 것입니다.

그렇다면 꿈을 어떻게 받아들여야 할 것인가? 꿈을 분석하면 내 과거 경험이나 잠재의식을 알 수도 있고, 꿈을 통해서 지금 어떤 걱정을 하고 있는지, 그리고 미래에 대해서 어떻게 불안해하고 있는지도 알 수 있어요.

머릿속에서 그런 생각을 계속 하기 때문에 꿈에 자꾸 나타나는 겁니다. 그래서 꿈이 맞았다느니 하는 말이 나오는 것이지요. 걱정하는 것이 꿈에 나타나고, 그 걱정하는 꿈이 현실로 나타나게 되면, 꿈과 현실이 일치하니까 꿈이 딱 맞았다는 생각을 하게 되는 겁니다.

자꾸 악몽을 꾼다는 건 걱정이 많다는 겁니다. 그 걱정들이 상념으로 뭉쳐서 꿈에 나타나게 되거든요. 또 특별히 걱정은 많지 않더라도 몸에 이상이 있으면 꿈에 나타납니다. 음식 먹은 것이 체하거나 정신적으로 아주 긴장했을 때 주로 악몽을 꾸게 됩니다.

정신적으로 긴장하면 위가 제대로 활동을 못 하여 체하게 되는 거죠. 가위 눌리는 꿈이나 철봉대에 배를 대고 있는데 뒤에서 누가 자꾸 미는 꿈이라든지, 작은 구멍 속에 자꾸 기어 들어가는 꿈이라든지, 실타래가 막 뒤엉키는 악몽을 꾸게 되는데, 한 번만 꾸는 게 아니라 어릴 때부터 꾸어 왔던 꿈이 계속 반복되는 것도 있어요.

그런 악몽을 꿀 때는 일어나서 일단 심호흡을 하고 체한 위를 만져서 내려 보내면 되겠지요. 몸은 아무 이상 없는데 악몽을 꿀 때는 '내가 걱정이 참 많구나.' 하고 생각하고 말아야지, 꿈이 맞나 안 맞나 자꾸 그런 식으로 빠져들면 마치 마약처럼 되풀이됩니다. 꿈이 맞는지 안 맞는지 확인하고 꿈에 대해 계속 근심 걱정을 하기 때문에 그 꿈에 자꾸 끌려 다니게 됩니다.

꿈이란 깨어나서 보면 헛것입니다. 그러니 눈뜨면 '아이고, 헛것이었구나.' 이렇게 탁 놓아 버려야 해요. 수행자는 꿈을 분석하고 해석하는 것이 아니라 꿈에서 깨자마자 "꿈이구나.", 즉 "헛것이구나." 하고 잠시나마 헛것에 사로잡힌 것을 뉘우치고 정신을 차려야 합니다. 꿈을 가지고 이러쿵저러쿵하는 것은 아직 잠이 덜 깬 것과 같습니다. 우리는 자지 않을 때도 생각 속에 빠져 있기 때문에 꿈속을 헤매는 것과 같습니다. 즉 깨어 있을 때도 꿈속을 헤매는 게 우리 중생인데, 하물며 꿈속에서 정신 차린다는 것이 쉬운 일은 아니지만, 정진하는 사람은 꿈을 꿀 때 그게 꿈이라는 것을 빨리 자각해야 합니다. 깊이 관하는 연습을 조금만 하면 그렇게 할 수 있습니다.

악몽으로 괴로워하다가 '이게 꿈이다' 하는 것을 알게 되는데, 꿈이라는 것을 자각하면 두려워하거나 도망가거나 답답해하기보다는 빨리 눈을 뜨려고 애를 쓰게 되지요. 그런데 눈을 뜨려 해도 잘 안 떠집니다. 그러나 눈을 딱 떠 보면 사실은 다 꿈이지요. 그러니까 꿈속에서도 정신을 차려야 하는 게 수행입니다. 수행자는 꿈에서 깨면 '어, 꿈이잖아!' 할 뿐입니다.

꿈이란 깨어나서 보면 헛것입니다.
눈 뜨면 탁 놓아야 합니다.

법을 굴린다,
법에 굴림을 당한다는 말이
무슨 뜻인가요?

부처님 법을 공부하다 보면 법을 굴리는 것과 법에 굴림을 당하는 것에 대해 생각하게 됩니다. 여기에 대해 스님 말씀을 듣고 싶습니다.

법을 굴린다, 법에 굴림을 당한다 하는 이 말은 『육조단경』에 나와요. 육조 혜능 대사는 글을 모르셨어요. 그러나 부처님의 가르침을 깨달아서 많은 사람들을 깨달음으로 인도하셨죠. 그때 사람들 사이에는 혜능 대사에 대한 상반된 의견이 있었습니다. 그분을 친견하고 법문을 들은 사람들은 그분이 이 땅에 출현하신 부처님이라고 했고, 한 번도 보지 못한 사람들은 경전 한 줄도 읽을 줄 모르는 무식쟁이가 건

방지게 도인인 체한다고 비난했지요.

그 시대에 법화경을 삼천 번을 독송하고 자기는 법에 통달했다 하여 스스로를 법달(法達)이라 부르던 스님이 있었어요. 그런데 그분은 법화경을 그렇게 많이 읽었어도 사실 마음에 깨달음이 없었어요. 그가 어느 날 혜능 대사를 찾아갔습니다. 뭔가 배우러 왔으니 엎드려 절을 해야 할 것 아니겠어요? 절을 하긴 했지만 마음 한구석에 거부하는 생각이 있으니 이마가 땅에 안 닿았어요. 혜능 대사가 그것을 보더니 "이마가 땅에 닿지 않는 걸 보니 뭔가 마음에 자랑할 만한 걸 움켜쥐고 있구나." 하고 말했어요.

그 말을 듣고 법달이 찾아온 이유를 말했어요. "제가 법화경을 삼천 번이나 읽었는데도 그 뜻을 잘 모르겠습니다. 그러니 가르쳐 주셨으면 합니다." 그러자 혜능 대사께서 "나는 글자를 모르니 네가 읽어 보아라. 내가 뜻을 말해 주리라." 하셨습니다. 그래서 법달이 법화경을 외우는데, 방편품에 이르러 혜능 대사가 "이제 그만 읽어라. 내가 법화경의 대의를 일러주리라." 하셨습니다. 그러면서 설명을 죽 하셨어요. 대사의 말씀을 듣고 법달은 그렇게 외워도 모르던 것을 단박에 깨쳤어요. 그제야 스승에 대한 예를 갖추면서 법달이 말했어요. "법화경을 삼천 번이나 읽었으나 아무것도 몰랐는데 오늘 대사의 말 한마디에 번뇌의 자취조차 없어졌습니다." 이렇게 해서 그는 대사의 제자가 되기를 청했어요. 그러면서 "이제는 더 이상 법화경은 읽을 필요가 없겠습니다." 하고 말했더니, 대사께서 하시는 말씀이 "법화경에 무슨 허물이 있겠느냐? 허물은 네 마음에 있는 것이다. 너는 이제까지 법화경에 굴림을 당했으나, 앞으로는 이 법화경을 굴리는 사람이 되라."고 하셨습니다. 우리는 보고 듣는 데 휩쓸리고, 냄새 맡고 맛보는 데 휩쓸리고, 감촉과 알음알이에 휩쓸려서 가랑잎이 가을바람에 휘날리듯이 바람 부는 대로 오락가락 해요. 세상에 굴림을 당하는 겁니다. 태어날 때 태어나고 싶어 태어난 것도 아니고, 한국말을 하고 싶어서 한 게 아니라, 여기서 태어나 자랐으니 자연히 한국말을 배운 것이고, 부모가 유치원에 보내니 유치원 다니고, 초등학교 보내니 초등학교 다니고, 중·고등학교 보내니 중·고등학교 다니고, 다 대학가야 한다 하니 죽기 살기로 대학을 가려 합니다. 그래서 대학 못 간 사람은 그것 때문에 가슴에 상처를 입습니다. 졸업하니 취직해야 한다 하고, 또 시집 장가가야 한다고 해요. 또 남이 자전거 사니 자전거 사야 하고,

남이 자동차 사니 자동차 사야 하고, 아파트 사야 하고……, 이런 식으로 세상을 살아왔어요. 자기 필요에 따라 행동하기보다는 주위에서 하니까 나도 한다는 식으로 사는 이것을 '세상에 굴림을 당한다.'고 하는 겁니다.

혜능 대사께서는 세상에 굴림을 당하는 자가 되지 말고 세상을 굴리는 사람이 되라고 말씀하신 것이죠. 내가 중심이 되어 고쳐야 할 것은 고치고, 따라야 할 것은 따르고, 흡수해야 할 건 흡수할 때 세상의 주인이 되는 겁니다. 내 인생을 바르게 사는 데, 내가 깨닫는 데에, 부처님 법이나 세상의 가르침을 이용해야 하는데, 오히려 세상의 가르침과 종교가 주인이 되고 나는 거기 끌려 살아간다면 법을 굴리는 자가 아닌 법에 굴림을 당하는 자가 되는 것입니다.

어두워진 마음을
밝게 할 수 있습니까?

아무 생각이 없었는데 마음이 갑자기 어두워짐을 느꼈습니다. 왜 그런지 궁금합니다. 그리고 어떻게 하면 마음이 금방 밝아질 수 있습니까?

우리 마음이란 여러 가지 상을 지음으로써 다르게 나타납니다. 어두워질 때는 칠흑같이 어두웠다가 밝아질 때는 대낮같이 밝아져요. 천 근같이 무거웠다가 깃털처럼 가벼워지기도 하고, 먹물처럼 탁해졌다가도 수정처럼 맑아지는 것이 모두 다 마음이 짓는 바입니다. 괴로워할 때는 마음이 어둡거나 탁한 상태이고, 깨달음의 경지는 마음이 밝고 가벼운 상태입니다.

'마음이 탁하다'고 할 때는 주로 욕심 부릴 때를 말하지요. 사람이 욕심을 너무 부리면 더러운 인간이라 하기도 하고 세상에 많이 물들었다고 말합니다. 이 탐욕을 내려놓으면 사람이 깨끗해졌다, 맑아졌다고 하지요. 사람이 깨끗하다, 맑다고 말할 때는 소탈하게 살 때입니다. 재물이나 사람에 대해서 욕심이 없고 계율을 잘 지킬 때 우리는 그 사람을 청정하다, 맑다고 하지요. 사람의 깨끗하고 더러움은 그 사람의 마음 상태를 두고 하는 말입니다.

그리고 어떤 일에 대해 '반드시 해야 한다'는 의무감에 사로잡히면 마음이 무거워집니다. 이 의무감만 내려놓으면 마음이 아주 가벼워져요. 보통 자신 없는 일이지만 당연히 해야 할 일이라고 생각할 때, 마음이 천 근처럼 무거워집니다. 의무감이 주는 부담 때문이지요. 종교인들은 대개 마음이 맑아요. 그러나 무겁습니다. 왜냐하면 무슨 큰 짐을 진 듯이 '해야 한다'는 사명감에 불타기 때문이지요. 이 사명감에 불타고 있을 때면 마음이 무거워져서 잘 웃지도 않습니다.

우리는 욕심을 내거나 참지 못하고 화를 내거나 훔치는 사람들을 범부 중생이라 합니다. 그리고 욕심이나 화가 나는데도 그것을 참고 사는 것을 수행이라 알고 있는데, 그건 수행이 아닙니다. 단지 착한 사람으로 사는 거지요. 이런 사람들은 마음이 무겁습니다. 세속인과 다른 생활을 하겠다고 집을 나온 스님이나 신부님, 수녀님 같은 분들 중에는 이렇게 마음이 무거운 사람들이 많아요. 성향이 다 다른 사람들이 종교적인 윤리나 도덕 같은 기준에 맞추어 함께 살고, 항상 근엄한 태도를 보여 줘야 한다는 생각이 마음을 무겁게 하는 원인이 됩니다.

마음을 가볍게 하고 살아야 합니다. 그러려면 자기가 별것 아님을 알아야 합니다. 모든 것이 공하여 그 실체가 없는 줄 알게 되면 마음이 가벼워집니다. 수행한다는 것은 올라오는 감정이나 느낌을 억누르고 무시해 버리라는 게 아닙니다. 화날 때 왜 화나는지를 살펴보는 거지요. '아이고, 저 놈이 화를 돋우네!' 하고 남을 탓하지도 않고, '아, 또 내가 화를 내다니!' 하며 자기 학대를 하지도 않습니다. 다만 '아, 내가 또 화냈구나.' 이렇게 보고는 놓아 버리지요. 그렇게 하면 마음이 늘 가볍습니다. 얘기할 때도 주저함 없이 흔쾌해지고 그것으로 인해 더 이상 무겁게 되지 않습니다.

인생에 의미를 너무 많이 주면 마음이 무거워집니다. 인생은 길가에서 자라는 작은 들풀 같은, 산에서 뛰어 노는 토

끼나 다람쥐와 같은 삶입니다. 인생이란 특별한 게 아닙니다. 토끼라고 함부로 사는 것이 아니죠. 그렇다고 무게 잡고 사는 것도 아닙니다. 그냥 가볍게 사는 겁니다.

그런데 우리는 인생에 너무 많은 의미를 부여합니다. 나는 어떠해야 한다는 정해진 상에 사로잡혀 살기 때문에 마음이 무겁습니다. 어떤 사람은 나라 전체 일을 자기가 짊어지고, 가장들은 집안 전체를 자기가 짊어지고 살아요. 직장을 그만두었을 때 솔직하게 가족에게 알려서 "아빠가 직장 그만두게 됐다. 수입원도 없어졌으니 아껴 쓰자." 하고 바뀐 상황에서 살아가면 되는데, 가장의 체면이 안 선다고 그런 말 안 합니다. 그래서 직장도 없으면서 공연히 아침에 가방 들고 나가서는 역전이나 도서관에 가서 방황하다가 저녁에 돌아오거나, 누가 좀 뭐라 하면 직장 없다고 자기를 무시한다 생각하고는 화를 냅니다.

이것은 인생을 너무 무겁게 생각해서 그렇습니다. 특히 종교인들은 어디 가든 근엄하게 하고, 안 그러면 체면이 깎이는 양 생각하는 사람이 많아요. 이런 것이 다 마음을 무겁게 하는 원인입니다. 모든 것을 가볍게 받아들여야 합니다.

우리는 많은 생각을 합니다. 이렇게 이런저런 생각을 많이 할 때에도 마음이 어둡지요. 마음이 밝은 사람은 별 생각이 없습니다. 웃고 싶으면 웃고, 가고 싶으면 가고, 이렇게 좀 밝아야 해요. 그런데 우리 마음은 밝지가 않고 늘 우수에 젖어 있고 생각이 많습니다.

십 년 전에, 잘 아는 분의 친정어머니가 돌아가셨어요. 아버지가 일찍 돌아가시고 어머니 혼자서 보따리 장사를 해 가며 어렵게 딸 둘, 아들 하나를 키웠어요. 그래서 이 분은 항상 어머니가 고생하셨던 것을 안쓰럽게 생각하고 있었어요. 그런데 이제 자식들의 생활이 안정되어서 효도할 수 있는 처지가 되었는데 어머니가 갑자기 돌아가셨어요. 어머니가 자식들을 위해 고생만 하시고 호강도 못 해 보고 돌아가신 것이 슬퍼서 그 보살님은 영안실에서 울음을 그치지 않았어요. 몸부림치면서 우는데 어느 누가 달래도 멈추질 않아요. 제가 가서 염불하는 동안에도 계속 우는 겁니다. 염불 소리도 귀에 안 들어오죠. 내가 할 수 있는 위로의 말을 다했지만, 울음을 그치게 할 수가 없었어요. 그렇게 되면 위로하는 사람도 머쓱해지죠. 조언을 해 주면 밝아져야 말해 준 사람도 보람이 있는데, 계속 우니까 내가 아무 소용이 없잖아요. 이럴 때 마음이 무겁다면 무겁고 어둡다면 어두운 거죠.

어떻게 해 볼 재간이 없는 상황이었어요.

그런데 그때, 그 집에 와 있던 다섯 살쯤 된 어린아이 하나가 방귀를 뀌었어요. 사람들이 울고 있으니까 조그마한 아이도 눈치가 있어서 계속 참고 있다가 더 참을 수가 없었던지 뿌우우웅 하고 방귀를 뀐 겁니다. 그런데 웃기가 좀 그렇잖아요. 우는 사람이 갑자기 웃을 수도 없었던 거죠. 그래서 참았어요. 애가 또 다시 뿌우우웅 뿡뿡 하니까 참던 나도 웃고, 울던 그 보살님도 웃어 버렸어요. 모두 다 웃었지요. 그런데 참다 참다 웃으면 웃음이 잘 안 그치잖아요. 그래서 한참을 그렇게 웃다가 멈추니까 약간 머쓱해졌어요. 그러자 이 보살님이 또 다시 "아이고, 우리 엄마 죽었지. 엄마……" 하고 또 울어요.

제가 그 때 '아, 방귀가 부처님이구나!' 하고 깨달았어요. 내가 온갖 수단을 다해도 그 슬픔을 달랠 수 없었는데, 그 방귀 소리로 천 근처럼 무겁던 사람들의 마음이 일순간에 깃털처럼 가벼워지니 말입니다. 부처님이 천백억 화신한다더니 이 때는 방귀로 화신하신 거라 생각했지요.

부처님이 아니면 이런 기적 같은 현상이 나타날 수 없잖아요. 그 순간에는 아무런 생각이나 집착이 없죠. 그 보살님이 웃다가 또 우는 것은 어머니가 죽었기 때문에 우는 게 아니지요. 어머니가 죽었다는 그 생각에 사로잡혔기 때문입니다. 그리고 어머니가 살아 있을 때 고통스러웠던 일을 하나하나 생각하기 때문에 마치 그런 화면을 보고 있는 것 같은 생각에 사로잡혀 있어서 어둡고 무거운 것이에요.

이렇게 우리 마음은 경계에 대한 집착 때문에 탁해지기도 하고 무거워지고 어두워지기도 합니다. 이 집착을 놓게 될 때 탁하던 마음이 수정처럼 맑아지고, 천 근처럼 무겁던 마음이 깃털처럼 가벼워지고, 칠흑처럼 어둡던 마음이 금방 대낮처럼 밝아진다는 이 이치를 알아야 합니다.

아, 방귀가 부처님이구나!

억울해서
화가 납니다

저는 아주 평범하게 살아온 편인데 갑자기 마른 하늘에서 날벼락이 떨어진 것처럼, 어느 날 갑자기 누군가가 저를 매우 미워하고 증오한다는 것을 알았습니다. 그래서 오해를 풀어 보려고 얘기를 했는데, 오해가 다 풀린 것 같지는 않습니다. 저랑 관계없는 일 때문에 일어난 일이었는데 억울하다고 생각하니까 안 나던 화도 막 나고 그 사람이 밉습니다.

미워하고 싶습니까? 그럼 미워해 버리세요. 그런데 미워하면 누구 손해죠? 저 앞에 있는 산을 미워하면 산이 손해예요?

제가 손해입니다.

여기 있는 꽃을 보고 못생겼다고 하면서 욕하면 누가 나쁘죠?

제가 나쁘죠.

아따, 그 꽃 예쁘다, 하면 꽃이 좋을까요, 내가 좋을까요?

제가 좋지요.

그래, 그러면 됐지요. 어떻게 하는 것이 좋은지 알았어요?

그런데 너무 황당하니까 벌을 주고 싶거든요.

그럼 벌을 주세요. 내 마음이 일으켰으니까 내 마음에다 벌을 주세요. 오늘부터 집에 가서 21일간 그 사람을 향해서 하루에 108배를 하면서 '죄송합니다. 죄송합니다. 저 때문에 그 동안 당신 마음이 얼마나 아팠습니까? 죄송합니다. 죄송합니다.' 이렇게 기도를 하세요. 나는 전혀 몰랐는데 그 사람이 오해해서 나를 미워했다면 그 사람이 손해지요. 그런데 왜 내가 억울해요. 사실은 그 사람이 손해 봤으니 내가 미안하다고 사과해야 합니다. 내가 미안한 마음을 내면 나한테는 아무런 찌꺼기가 남지 않습니다. 나는 손해 본 것이 하나도 없는데 그 얘기를 듣고 내가 억울해 하면 나한테 손해입니다.

그러니까 내가 엎드려 절을 하면서 '그 동안 나 때문에 당신 가슴이 얼마나 아팠습니까? 그 동안 나 때문에 얼마나 답답했습니까? 그걸 내가 일찍 알아 풀어 줬으면 당신에게 좋았을 것을, 내가 모르고 이제까지 외면해서, 그 동안 당신 가슴 아프게 해서 미안합니다.' 이렇게 해야 합니다. 그래야 아무 문제가 없습니다.

그 꽃 예쁘다, 하면
꽃이 좋아요?
내가 좋아요?

직장 생활이 싫지만
마지못해 다닙니다

스님 법문 중에 '가볍게 살아라, 자기를 사랑하라.'는 말씀이 많이 있었습니다. 그렇지만 하기 싫어도 할 수밖에 없는 일이 있잖아요. 구체적으로 질문을 드리면, 직장 생활은 하기 싫고 여기 나와서 일해 보고 싶다는 생각은 있지만 현실적으로 그게 안 되거든요. 그래서 올 일 년은 내내, 정말 직장 생활이 싫다는 생각만 하면서 마지못해 직장을 다니고 있는데 어떻게 해야 할까요?

그만두면 되잖아요.

그런데 돈을 벌어야만 하는 처지입니다.

그럴 수밖에 없는 건 없어요. 애들 때문에?

아니요. 아이들은 없지만 제가 생계를 꾸려가고 있거든요.

요즘은 파트타임도 많잖아요. 얼마나 벌어야 생계를 꾸려요?

연금을 탈 때까지만 일하고 여기로 오겠다고 생각했는데요, 남편이 은행에 빚을 많이 졌나 봐요. 빚을 얼마나 졌는지 얘길 안 해줘요. 그래서 지금 같아서는 '그래 집까지 다 날아가라. 그러면 자기나 내가 갈 데가 여기밖에 더 있겠느냐?'라고 생각하기도 하지만……

인생을 얼마나 산다고 하고 싶은 걸 못 하고 살아요? 하고 싶은 것 있으면 해 버리세요. 못할 이유가 뭐가 있습니까? 그렇게 눈물을 글썽거릴 정도로 하고 싶은 것을 못 하고 살면 병 됩니다. 병 걸려서 몇 백만 원, 몇 천만 원 날리는 것보다야 하고 싶은 것 하는 게 백 번 낫지요. 여기에 와서 일하고 싶다, 교회 가서 일하고 싶다, 해외 가서 일하고 싶다는 마음이 간절하면, 정말 그게 병이 날 정도로 간절하면 해 봐요. 못 할 이유가 하나도 없습니다.

언젠가 신문을 보니 회사에 사표 내 버리고 집 팔아서 돈 챙겨 가지고, 아이들 학교도 휴학시켜 버리고, 세계 일주 간 사람이 있던데요. 돌아온 다음 굶어 죽나 했더니만, 갔다 와서 돈 더 많이 벌더군요. 그러니까 하고 싶으면 해 봐요. 그런데 하고 싶은 걸 다 할 수 있는 인생은 없습니다.

자유가 뭔지에 대해서 또 말씀드려야 할 것 같습니다. 자기 생각을 내세우는 사람을 보면, 그걸 딱 움켜쥐고 고집을 부립니다. 나쁘게 말하면 고집이고 좋게 말하면 줏대가 있는 거죠. 주관이 뚜렷하다고 말하기도 하죠. 그런데 이러면 사실은 인생의 주인이 못 됩니다. 늘 경계에 흔들리고 희로애락에 붙들려 살게 됩니다. 자기 생각을 놔 버려야 합니다. 자기 생각을 놔 버리면 자기가 주인이 될 수 있습니다.

농사꾼이 농사를 짓는데 자기 생각을 앞세운다고 합시다. '내일 윗 논에 농약 쳐야겠다.' 이렇게 먼저 자기 할 일을 정해요. 그래서 저녁에 내일 아침 농약 칠 준비를 다 해 놓습니다. 농약 칠 때 비 오면 안 되거든요. 그런데 비 오는 건 내 마음대로 할 수 없잖아요. 그러니까 나보다 힘센 부처님께 부탁을 좀 해야겠다고 생각해서 잠자기 전에 '부처님, 부처님. 내일 제가 농약 치려고 하니까 비 안 오게 해 주세요.'

라고 기도하고 잤습니다. 그런데 아침에 일어나니까 비가 부슬부슬 옵니다. 그러면 한다는 소리가 "부처 믿어도 소용없네. 날씨가 나하고 무슨 원수가 졌다고 나를 이렇게 괴롭히나? 아니, 내가 농약 좀 치겠다는데 내내 맑다가 왜 오늘따라 비가 오나?" 이렇게 불평합니다. 결국 이 농부는 성질 나니까 그냥 자포자기해서 술 한 잔 마시고 잤습니다.

저녁때쯤 일어나니 생각이 바뀝니다. '어차피 오는 비를 어떡하겠나? 오려면 계속 와 버려라. 그러면 내일 아침에 고추 모종 옮겨 심어야 되겠다.' 이렇게 생각을 바꾸어 정합니다. 고추 모종 심어야겠다고 생각했으니 내일 비가 계속 와야 합니다. 그래 '부처님, 오는 비 계속 오게 하십시오. 괜찮습니다.' 이렇게 빌고 잤습니다. 아침에 일어나니까 날씨가 쨍쨍 갰어요. 이제 성질이 팍 나 버립니다.

'도대체 이 놈의 날씨가 청개구린가? 이래라 하면 저러고, 저래라 하면 이러고, 왜 이러나? 나하고 도대체 무슨 원수가 졌나? 이러면 어떻게 농사를 지어 먹나? 날씨마저도 나를 이렇게 괴롭히니 어떻게 농사를 짓나? 아무리 사람이 참고 지으려 해도 속이 타 못 짓겠다.'

이렇게 생각합니다. 웃을 일이 아닙니다. 이게 우리 인생입니다. 애 때문에 못살겠다, 남편 때문에 못살겠다, 직장 때문에 못살겠다, 공장을 증설했더니 IMF가 터져서 못살겠다, 이런 식으로 주위 사람이나 환경 탓만 합니다.

어떤 게 자유로워지는 길이냐? 저녁때면 그냥 잡니다. 아무 생각 없이 실컷 잡니다. 잘 때는 잠만 잡니다. 실컷 자고 일어나 하늘을 쳐다보니 안개가 자욱하게 끼었습니다. 오늘 날씨가 맑겠다 싶으면 '날씨 맑으면 뭐 하지? 응, 그래. 윗논에 농약 쳐야겠다.' 하면서 농약 칠 준비를 하고, 가랑비가 보슬보슬 오면 '오늘 고추 모종 내면 딱 맞겠다. 아래 밭에 고추 모종 내야겠다.' 하면서 아래 밭으로 갑니다. 비가 장대같이 쏟아지면 '오늘 하루 종일 비가 오겠네. 아이고, 요새 며칠 쉬지도 못하고 일했는데 오늘은 막걸리나 한 잔 마시고 잠이나 자야겠다.' 이럽니다.

비가 오든 말든, 흐리든 맑든 도무지 자기 소견을 내세우지 않으면 자유로워집니다. 이게 대자유, 대해탈입니다. 여러분들은 내 생각대로, 내가 하고 싶은 대로 되는 게 자유와 해탈이라고 생각하니까 자유가 아니면 죽음을 달라고 합니다. 정신 나간 짓입니다. 그건 반쪽 자유입니다. 그건 범부중생의 자유입니다. 그러면 늘 발목이 걸려서 넘어지지요.

하고 싶으면 하세요. 그러면 남편하고 이혼하는 과보가 따를 수도 있습니다. 집이 날아가는 과보도 있을 수 있겠지요. 부처님은 있는 왕위도 버리고 있는 마누라도 버리고 있는 자식도 버렸는데 그게 뭐 별 겁니까? 하고 싶으면 그런 과보를 기꺼이 받으세요. 그런 과보가 싫으면 무슨 상관입니까? 직장 다니면 되지. 어차피 절에 와도 애들 가르치고, 학교 가도 아이들 가르칠 거고, 그냥 하면 됩니다. 그게 뭐 어려운 일입니까?

사람들이 "아이고, 스님. 힘들어서 어떻게 그렇게 합니까?"라고 말합니다. 밥 먹고 사는 게 그리 쉬운 일인 줄 알아요? 노동자가 새벽에 공사장으로 가려면 아침 여섯 시에 나가야 합니다. 일거리 잡으면 그 공기 나쁜 데서 무거운 질통 짊어지고 8시간, 10시간씩 일하고 어두워서야 끝난단 말입니다. 매일 그렇게 사는 사람도 있어요. 그게 국민의 다수예요. 시골 한번 가 봐요. 새벽부터 나가서 허리 한 번 못 펴고 저녁 늦게까지 일하고 있어요. 그렇게 다 세상을 사는데 도대체 뭐가 힘들다는 것입니까?

언젠가 이렇게 말하는 사람이 있어요.

"내일 등산 가는데 비 오면 어쩌죠?"

옛날에는 비 오면 다 우장, 삿갓 같이 무거운 걸 덮어쓰고 장대 같은 비를 맞으며 논에 가서 모내기했단 말입니다. 천수답에 비 안 와서 모내기를 못 하고 있다가 비 오면 비 맞으며 모 내고, 논두렁에 앉아 빗물 반, 국물 반인 수제비국 먹어 가면서 일을 했습니다. 그런데 비 오는 날 노는 게 뭐가 어렵습니까? 모내기는 비 오는 날 안 하면 큰일 나지만, 등산이야 비 오는 날 가기 싫으면 안 가면 그만이잖아요. 내가 그리 말하니까, "버스 대절해 놓은 거 어떻게 해요?" 그럽디다. 거, 참, 그것도 걱정이라네요. 안 타면 되지, 뭐 걱정입니까? 꼭 타고 거기까지 갔다가 와야 본전 되는 겁니까? 안 타면 더 남는 거죠. 그러니 걱정할 일도 아닌 것 가지고 걱정하는 사람이나, 그만한 일에 눈물 글썽이는 사람이나 마찬가지에요.

사람이 자기 생각에 빠지면 하늘이 무너질 것 같지만, 그렇게 생각하지 마시고, 정말 하기 싫거든 사표 던져 버리고 절에 오세요. 이제까지도 잘 살았는데 뭐가 걱정입니까? 하고 싶으면 하면 됩니다. 그 다음에 여러 가지 어려움이 있으면 감수해야지요. 있으면 있는 대로 없으면 없는 대로, 몸으로 때우면 때우는 대로, 하면 하는 대로 하는 겁니다.

그런데 먹고 살 일 없으면 공사판 노동이라도 하고 직장 다녀야죠. '누가 돈만 대 주면 나도 자원 봉사하고 싶다.' 이런 얘기야 누가 못합니까? '인천에 배만 들어온다면, 나도 복권만 당첨된다면…….' 이런 인생 살면 안 돼요. 이게 다 번뇌 망상입니다. 생각 놔 버리고 아침에 일찍 일어나 기분 좋게 직장 가서, 애들 말 안 들으면 회초리로 때려서라도 정성을 기울여서 가르치고, 담임 하라고 시키면 안 한다고 하고 최소한의 시간만 내서 정성껏 일하고, 남은 시간 절에 와서 일하고 집에 늦게 들어가고, 늦게 들어온다고 잔소리하면 '죄송합니다.' 하세요. 그리고 해 줄 건 해 주세요. 가닥이 분명해야 합니다. 그렇게 하면 누가 뭐라고 하겠습니까?

이게 다 우유부단해서 생긴 문제입니다. 왜 우유부단할까요? 욕심이 많아서 그렇습니다. 우유부단한 게 성격 탓이라고 하는데, 아닙니다. 욕심이 많아서 그런 겁니다. 이것 쥐려니 저것 놓칠 것 같고, 저것 쥐려니 이것 놓칠 것 같고, 두 개 다 쥐려고 눈이 둥그레져서 쳐다보기 때문에 우유부단한 겁니다. 결정이 빠르면 '저 사람 성격이 강하다' 라고들 말하는데 성격이 강한 사람은 욕심이 없는 사람입니다. 포기를 과감하게 해 버리거든요.

누가 내 물건에 손을 대면 화가 잘 납니다

저는 대학생입니다. 제 물건에 대한 집착이 강합니다. 예를 들어 동생이 제 옷을 허락 없이 입고 가면 화가 납니다. 그럴 때 엄마는 "네 돈으로 샀냐? 엄마가 준 돈으로 샀지." 하시면서 그렇게 말할 자격이 없다고 야단치십니다. 그 말씀이 맞지만 허락 없이 제 물건에 손을 대면 화가 납니다. 아마 둘째이다 보니 제 것을 챙겨야 한다는 생각이 있는 것 같습니다.

엄마가 일을 시키면 꼭 돈을 요구합니다. 돈을 주면 일을 하고 안 주면 안 합니다. '깨달음의 장'에도 엄마에게서 20만 원을 받고 갔습니다. 스님 법문이 있을 때 엄마가 "법문 듣고 마음 바꾸게 가자."라고 해도 돈을 달라고 합니다. 그러면 3만 원을 주십니다. 또 절을 하고 있는데 몸만 숙이고 마음은 안 숙여지는 것 같아 안타깝습니다. 사람들이 얘기하면 적당한 말로 대꾸해 줘야 하는데 듣고만 있습니다. 그리고 다른 사람 말이 듣기 싫습니다. 화가 잘 나고 사람 많은 곳에 가기가 싫습니다. 어떻게 하면 좋을까요?

이대로 살아도 괜찮아요. 걱정할 것 없네요. 자본주의 사회에서는 영악하면 속지 않으니 아주 좋다고 볼 수 있어요. 제가 보기에 큰 문제는 없습니다. 계산이 분명하면 세상에 나가서 잘 살 수 있고, 네 것 내 것 확실히 챙기면서 살림도 아주 똑 부러지게 할 겁니다. 현대 사회 시스템에 잘 맞는 스타일이기 때문에 크게 걱정할 것 없다고 생각합니다.

그런데 저는 현대 사회 시스템인 자본주의 사회가 옳다고 생각하지 않는 편입니다. 그렇기 때문에 제가 볼 때는 좀 고치면 좋겠다 싶은 게 있지요. 이 학생에게 큰 문제는 없습니다. 그런데 돈에 집착을 많이 하고 있네요. 이렇게 집착하면 나중에 돈 때문에 매우 큰 고통을 겪습니다. 결혼하면 모든 일을 돈을 기준으로 평가합니다. '키스는 2만 원, 하룻밤 자려면 10만 원이다.' '내가 자식도 낳아 줬는데, 어떤 사람은 대리모 하면 3만 불 받는다는데……' 자기도 모르게 자꾸 이런 생각이 듭니다. 그렇기 때문에 이런 생각을 갖고 있으면 앞으로 돈으로 인해서 갖가지 고통을 겪는 과보가 따릅니다.

연애를 할 때도 '커피를 내가 몇 번 샀는데 네가 몇 번 덜 샀다.' 늘 이런 식으로 생각합니다. 어디를 가게 되면 '내가 가 줬다. 그런데 왜 아무 대가가 없느냐?' 하는 생각이 일어나기 때문에 인생이 고통스러워집니다. 지금은 부모 자식 사이니까 큰 문제가 없지만 밖에 나가면 자꾸 괴로움이 생깁니다. 돈 때문에 인생이 불행해질 수 있겠다는 것만 깊이 이해하면서, 그런 마음이 일어날 때마다 이렇게 생각하면 돼요.

'이것이 지금 고통의 씨앗을 심는 거다. 법문 듣고 엄마한테 3만 원 받았다. 지금은 무척 재밌지만 이것은 마치 쥐가 쥐약을 먹는 것처럼 당장은 맛있지만 조금 있다가 배 아플 거다. 반드시 열 배, 백 배 괴로움이 되어 돌아올 거다.'

그런데 그게 잘 안 되지요. 괴로움이 아직 안 다가오니까요. 지금 당장 안 온다고 그냥 인연을 자꾸 짓게 되면 이것이 뭉쳐서 한꺼번에 닥쳐옵니다. 그때 알아봤자 인생이 다 가버리고 그때 가서 후회하면 너무 늦죠. 그러니까 지금 미리 알아서 잘 하는 게 좋습니다. 해결책을 미리 알면 이런 괴로움을 안 받을 수 있습니다.

'깨달음의 장'에 다녀오셨다고 했죠? 돈 받고 갔기 때문에 크게 느끼지도 못했을 거예요. 왜냐하면 돈 벌기 위해서 가서 앉아 있었던 거니까요. 엄마를 위해서 내가 가서 참아주는 거니까 핵심이 다가오지 않았을 거예요. 똑같이 앉아 있어도 완전히 다릅니다. 다녀왔다고 다 되는 게 아니거든요.

여러분, 앞으로 '깨달음의 장'에 억지로 사람을 보내지 마세요. 남편이든 자식이든 부모든 억지로 보내면 열에 한두 명이나 도움이 될까 나머지는 도움이 안 됩니다. 왜 그럴까? 거기 가서 집중이 안 되기 때문이에요. 조금만 어려우면 집중하지 않고 보낸 사람 원망하면서 그냥 시간만 때우는 거예요. 그래서 효과가 적게 납니다. 깨달음이라는 것을 남이 대신해 줄 수 있으면 좋겠지만 어떤 경우에도 대신해 줄 수 없습니다. 그곳에 가 있어도 대신해 줄 수 없습니다. 어떻게 왔든, 일단 모든 걸 내려놓고 마음으로 받아들여서 그냥 해 보면 누구나 다 되는데, 자기가 문을 열지 않으면 아무도 도와줄 수 없어요.

어쨌든 그래도 여기까지 와서 법문 들으며 질문을 했다는 건 좀 고치고 싶어 한다는 의미지요. 이것이 씨앗이 돼서, 즉 법을 물은 인연 공덕이 씨앗이 돼서 반드시 해답이 찾아질 거라고 생각해요. 앞으로는 돈 받지 말고 법문 들으러 오세요. 그렇게 하면 자기가 선택해서 왔기 때문에 법문이 지금 들리는 것과 달리 들립니다. 똑같이 법문을 들어도 자기 맘이 바뀌면 "스님, 전엔 왜 그런 이야기 안 해주셨어요?"라고 따집니다. 나는 10년, 20년 내내 똑같은 소리를 하는데도 말이죠.

그리고 몸은 숙여지는데 마음은 잘 안 숙여진다, 남의 말도 듣기 싫다고 했는데 이런 것은 아집(我執)이 강한 것입니다. 재물에 대한 집착이 강한 것은 아소(我所), 즉 내 것이라는 게 강한 거고, 남의 말이 듣기 싫다는 것은 아집, 즉 자기 생각이 옳다는 집착이 강한 거지요.

이런 사람은 더욱 더 엎드려서 절을 많이 해야 해요. 자기를 늘 숙여야 합니다. 자꾸 절을 하면, 지금은 몸만 숙이지만, 시간이 지나면 마음이 저절로 숙여지게 됩니다. 그러니까 우선 몸이라도 억지로 팍팍 숙여 절을 해 보세요. 그러면 어느 때 법문을 듣다가, 어느 때 수련에 참가했다가 한 순간에 집착이 놓이고 마음까지 숙여지는 경험을 하게 됩니다.

그러니깐 일단은 몸이라도 숙이세요.

   대부분 몸도 안 숙이는데, 이 학생은 몸이라도 숙이고 있으니까 이것도 아주 좋은 씨앗입니다. 마음이 안 숙여지더라도 몸이라도 숙이고 있는 것만으로도 좋은 일입니다. 얼른 보면 문제가 있는 사람인 것 같지만 그렇지 않습니다. 이렇게 문제가 있다는 것을 알아서 질문하고, 자기가 몸을 숙이면서 마음은 안 숙여진다는 것을 안다는 것은 이미 자기 상태에 대해서 어느 정도 알았다는 거예요. 자기 상태를 자기가 어느 정도 인식하고 자각하고 있는 거예요. 조금만 더 가면 금방 좋아질 수 있기 때문에 내 조언이 별로 필요 없습니다. 꾸준히 하면 금방 좋아질 거예요. 조금 더, 그냥 한번 해 보는 게 필요합니다.

큰 깨달음,
작은 깨달음이 있습니까?

스님께서 쓰신 『불교와 평화』라는 책을 보면 '완전한 깨달음이 열리면 물 흐르듯이 삶이 자유로워진다.'라고 하셨는데, 깨달음에 크고 작음이 있는 것인지, 어떤 경지에 이른 것을 완전한 깨달음이 열렸다고 하는 것인지 알고 싶습니다. 또 불교는 깨달은 자가 깨닫지 못한 자를 깨닫게 하는 것이라고 하는데, 깨달음이 무엇인지 확실히 알고 싶습니다.

깨달음이 어떤 것인지 말로 표현하는 것은 어렵습니다. 직접 먹어 보지 않고는 맛을 느낄 수 없듯이, 깨달음을 말로 설명하는 데는 한계가 있습니다. '그 맛이 어떻다' 하는 것은 본인이 직접 먹어 보고 판단해야 합니다. 다른 사람이 설명해서 가르쳐 줄 수 있는 문제가 아니라는 것입니다.

그러니 그런 문제는 놔두고, 지금의 내가 지금보다 더 자유롭고, 지금보다 더 재미있고, 지금보다 더 기쁘게 사는 것에 대해서 생각해 봅시다. 그것은 지금이라도 가능한 것이니까요. 어떻게 하면 그렇게 살 수 있을까요?

첫째, 잘못한 줄 알았으면 뉘우쳐야 합니다. 사람들은 대부분 자기가 잘못한 줄도 모르고 살아갑니다. 또 안다고 해도 뉘우치기 싫어합니다. 그걸 인정하면 자존심이 상하기 때문에 잘못했다고 인정하려 하지 않습니다. 그런데 어떤 일을 잘못했다면, 그것이 잘못한 일이라는 걸 10년 뒤에 아는 게 좋습니까, 그 날 아는 게 좋습니까? 어떤 것이 나에게 이롭습니까? 10년 뒤에 알았다는 것은 그 무지의 상태가 10년이나 지속되었다는 것을 뜻합니다. 그러니 얼마나 손해가 큽니까? 그러니 잘못했을 때 잘못한 줄 아는 게 중요합니다. 그리고 알았으면 뉘우치면 됩니다.

범부 중생은 잘못해 놓고도 잘못한 줄 모릅니다. 그리고 잘못한 줄 알면 '아이고, 바보같이 나는 왜 늘 이런가?' 하고 자기를 학대하기도 하고, 절대로 잘못하지 않겠다고 기를 쓰기도 합니다. 그런데 잘못하지 않으려고 애쓰면 애쓸

수록 잘못한 자기를 더 비하하고 학대하게 됩니다. 바보같이 그것도 못한다고 자기를 비하합니다. 잘못하지 않겠다고 너무 애쓰지 말고, 그냥 최선을 다하면 됩니다. 그리고 잘못한 게 발견되면 뉘우치면 됩니다. 잘못해 놓고 잘못한 줄 모르는 것이나, 잘못할까 전전긍긍하는 것이나 모두 다 괴로운 일입니다.

둘째, 틀린 줄 알았으면 고쳐야 합니다. 틀려놓고도 틀린 줄 모르는 건 어리석은 일이고, 틀린 줄 알고도 못 고치는 건 큰 손실입니다. 안 틀리려고 전전긍긍하는 것도 괴로운 일입니다. 틀린 게 발견되면 즉시 고치면 됩니다.

셋째, 모르는 게 있으면 물어서 알아야 합니다. 우리는 대부분 모르면서 아는 체합니다. 천국이 어떻고 지옥이 어떻고 말을 하지만 조금만 물어보면 뭐가 뭔지 잘 모릅니다. 잘 모르면서 그저 남의 말 듣고 이러니 저러니 하고 다닙니다. 그리고 자기가 모른다는 것조차 모릅니다.

다른 종교에 심취한 분이 저한테 이렇게 말해요.

"석가모니 부처님은 과거의 부처로 죽은 부처이고, 미륵 부처는 미래의 부처로 산 부처인데, 믿으려면 산 부처를 믿지 왜 죽은 부처를 믿습니까?"

그렇게 자기가 아는 짧은 지식을 가지고 설교를 하는 거예요. 그것밖에 모를 때는 그게 맞는 얘기 같지요.

우리가 안다는 것이 다 그렇습니다. '안다' 하지만 그것이 얼마나 진실에 가까울까요? '안다고 착각하고 있는 것이 얼마나 그릇된 것인지' 그것만 알아도 많이 아는 것입니다. 그러니 모르면 물어야 합니다.

모르면서 아는 체하지도 말고, 모르는 걸 큰 죄라고 생각하지도 말고 그냥 물으면 됩니다. 세상에 대해 우리 인간이 아는 것이 얼마나 될까요? 아마 0.1%도 안 될 거예요. 많이 아는 사람도 0.1%를 채 알지 못하니, 많이 아는 사람과 조금 아는 사람이 차이가 나 봤자 얼마나 나겠어요? 우리는 모두 모르는 사람에 속합니다.

모른다는 걸 인정하면 마음이 열려 다른 사람에게 물어볼 수 있는데, 안다고 생각하기 때문에 마음이 닫혀 버립니다. 남편이 뭐라고 하면 "아, 알아요." 이렇게 대꾸합니다. 한 번만 더 그러면 "아, 안다니까" 하고 짜증을 냅니다. 듣기 싫다는 말이지요. 우리는 우리가 모른다는 걸 인정해야 합니다. 모르는 건 부끄러운 일이 아닙니다.

그런데 여기에서 중요한 건, 모르면 알려고 해야 한다는 것입니다. 모르면 아는 사람한테 물어야 합니다. 길을 모르면 길을 아는 사람에게 물어야 합니다. 길을 모르면서도 남에게 묻지 않고 대여섯 번씩 뺑뺑이를 돌면 기름만 닳고 자기만 손해지요. 그냥 간단하게 물으면 됩니다.

우리는 자기가 모르는 게 드러날까 전전긍긍합니다. 어떤 기자가 저에게 물어요. "스님, 즉문즉설 하다가 모르면 어떻게 합니까?" 그 사람이 생각할 때는 큰 걱정이지요. 모르는 것은 모른다고 하면 되는데 무슨 걱정입니까? "그건 잘 모르겠소." 그러면 됩니다. 제가 어떻게 세상 일을 다 알겠습니까? 저는 안다고 할 때보다 모르겠다고 대답할 때가 훨씬 더 많습니다. 다만 여기서 하는 법문은 제 전공이니까 여러분보다 제가 아는 게 조금 더 많을 뿐입니다. 그렇다고 제가 다 아는 건 아닙니다. 모르는 것이 있으면 알아 와서 대답해 주면 됩니다. 그러면 저도 공부할 기회가 생기니 좋은 일입니다. 선지식을 찾아가 물을 일이 생겼으니 얼마나 좋은 일입니까?

모르는 걸 안다고 붙들고 있거나, 틀린 걸 안 틀렸다고 붙들고 있거나, 잘못해 놓고 잘했다고 우기기 때문에 인생이 힘들어지고 발전이 없습니다. 틀릴까 봐 겁이 나서 남에게 묻지도 못합니다. 또 이런 데 와서 물을 때도 그냥 생각나는 대로 물으면 되는데 '좋은 질문을 해야지.' 하는 부담을 갖고, '그것도 모르나.' 하는 소리를 들을까 봐 조마조마해 합니다. 사람들이 '그런 걸 뭐 하러 묻나?' 하고 생각할까 봐 겁을 냅니다. 이런 걱정에 질문하러 여기에 잘 나오지도 않습니다.

틀린 게 있으면 '아, 틀렸구나.' 하고 인정하면 됩니다. 우리가 이 세상을 살면서 틀리는 게 얼마나 많습니까? 잘못한 게 있으면 '아이고, 잘못했구나.' 하고 깨달으면 됩니다. 다들 잘못한 게 없다고 우겨서 그렇지, 살면서 잘못하는 게 얼마나 많습니까?

'아, 이건 내가 잘못했구나.'

'아, 이건 내가 틀렸구나.'

'아, 이건 내가 몰랐구나.'

그렇게 인정하면 삶이 참 자유롭고 가벼워집니다.

조기 유학을
어떻게 봐야 할까요?

우리 아파트 단지만 보더라도 유치원 다니는 아이들한테 영어 가정교사가 옵니다. 옛날에는 대학교만 나와도 됐는데 요새는 대학원은 기본이고 비싼 해외 유학들을 가야 합니다. 그러다 가정에 불화가 생기고, 또 어떤 경우는 경제적인 파탄까지 맞는 것을 볼 수 있습니다. 물론 자식들을 잘 가르치는 것이 부모의 기본 도리라고는 생각합니다만 이런 게 계속되면 우리 사회가 건전하게 발전하기가 어려울 것 같습니다.

이 세상은 많은 문제점을 안고 있습니다. 왜 이 세상이 많은 문제점을 안고 있느냐? 우리 개개인이 어리석음을 가지고 살고 있고, 이 세상은 그런 사람들이 모여서 사는 집단이기 때문에 어리석은 행위를 집단적으로 많이 합니다. 한 개인이 어리석으면 화를 자초하듯이 그러한 사회적 흐름은 그 사회, 그 나라, 그 민족에 화를 자초합니다. 그래서 개인의 인생에도 흥망성쇠가 있고 민족이나 사회도 흥망성쇠가 있는 거지요. 머리가 나쁘면 손발이 고생한다는 말이 있잖아요? 사회도 마찬가지입니다. 사회에서 머리 역할을 하는 엘리트 그룹, 지도자 그룹이 어리석으면 그 사회 전체가 고통 받을 수밖에 없는 거지요.

한때, 과외를 하면 과외 교사만 처벌한 게 아니라 과외 시킨 학부형도 처벌한 적이 있었습니다. 저도 과외를 과다하게 하는 것에 반대하지만 그것을 처벌하는 것은 옳지 않다고 생각합니다. 자본주의 사회에서 자기 돈을 가지고 술집에 가 술을 퍼 마셔도 죄가 안 되고, 골프장에 가서 골프를 쳐도 죄가 안 되는데, 그 돈을 자기 애 공부시키는 데 썼다고 처벌한다면 그것은 모순 아닙니까? 과외도 문제가 있지만 그것보다는 술집에 가서 몇 백만 원 씩 술 마시는 게 훨씬 사회에 나쁜 영향을 끼치지요.

이렇게 우리는 어떤 문제에 대해서 가끔 잘못 접근할 수 있습니다. 그러니까 유치원생에게 영어 과외를 시키든, 해외 유학을 보내든 그건 개인사에 속합니다. 총각이 이 여자하고 연애했다가 저 여자하고 연애했다고 해서 법률로 규제할 수 있습니까? 아내가 남편을 두고 다른 남자를 만나거나, 남편이 아내가 아닌 딴 여자를 만나는 간통죄는 우리나라를 제외한 대부분의 나라에서는 법으로는 처벌의 대상이 되지 않는 개인사에 속합니다.

내 남편이 딴 여자와 만난다는 걸 알았으면 살지 안 살지 내가 결정을 하면 됩니다. 안 살겠다고 할 경우, 이혼 판결에서 부부의 언약을 남편이 먼저 어겼다는 것을 참조하여 재산이 분배됩니다. 불륜을 죄라고 할 수는 없습니다. 그런데 남성 중심적인 우리 사회에서는 남자의 횡포로 인해 여성들의 피해가 워낙 컸기 때문에 법률로써 가정을 보호할 수 있도록 한 것입니다. 그래서 간통을 법으로 처벌할 수 있게 되어 있습니다. 그래서 간통죄는 폐지되어야 한다는 주장이 나오는 겁니다.

그런데 여러분, 남편이 딴 여자를 좋아한다 할 때 그 남편이 큰 죄나 지은 듯이 생각하면 안 됩니다. "나하고 한 결혼 약속을 깼으니까 더 이상 결혼을 지속시킬 필요가 없다. 그러니 그 여자가 좋으면 그 여자하고 살아라." 이렇게 하면 끝나는 겁니다. 자기 스스로 그 여자가 더 좋다는데 그게 뭐 문제입니까. 내 남편이 나하고 사는 것보다 딴 여자하고 살아서 더 행복하고 좋으면 나도 박수 쳐 줄 일이지 뭐 그렇게 기분 나빠할 일이에요? 나하고 살면 괴롭다는데 굳이 붙들어서 괴롭힐 필요가 뭐가 있어요?

"내가 남편하고 사는 게 괴로운데 남편보다 더 좋은 사람이 있으면 '안녕히 계십시오.' 하고 가도 됩니까?"라고 묻는다면 그건 안 된다고 하겠습니다. 법률이 아니라 수행 차원에서 볼 때 가능하면 계율을 파하지 말아야 합니다. 상대가 계율을 어길 때는 내가 상대를 용서해 줘야 합니다. 그것이 수행이에요. 여자이기 때문이 아니고 남자도 마찬가지입니다. 불교 신자라면 내가 먼저 어겼으면 참회를 해야 합니다. 법을 어기는 것도 아닌데 뭐 그걸 갖고 그러느냐고 말하면 안 됩니다. 법률하고 관계없이 두 사람이 약속을 한 거니까 피치 못해서 약속을 깼을 때는 참회하고 사과를 해야 합니다. 사과를 상대가 받아들여 주면 다시 복귀하는 거고, 안 받아들여 준다고 해서 "사과까지 했는데도 안 받아 주더라." 이렇게 말하면 안 됩니다. 사과하는 것은 나지만 받아들이고 안 받아들이고는 그 사람의 자유입니다. 그러니까 이혼을 당해도 할 수 없는 겁니다. 내가 먼저 깨뜨렸을 때는 그 과보를 받아들여야 합니다. 상대가 먼저 깨뜨렸을 때는 그것을 용서하고 받아들이는 게 중요합니다.

불교 신자는 남자든 여자든 손해보고 살라는 말이냐고 억울해 하시는 분도 계실 것입니다. 불교 신자는 돈이나 출세나 인기 같은 것을 최고의 가치로 보지 않습니다. 즉, 그런 것들은 손해 좀 봐도 괜찮다고 여깁니다. 그런 측면에서 질문자께서 문제 제기 하신 것, 별 문제가 없습니다. 자본주의 사회에서 자기 돈 갖고 여행을 다니든, 애 공부를 시키든, 그보다 더 못된 짓 하는 사람에 비하면 그건 아무 것도 아니지 않습니까? 이렇게 생각해야 합니다.

오늘날 지나친 교육열은 우리 사회에서 장점이 되기보다는 단점이 되고 있습니다. 사람들이 절에 가서 절하고 엿을 붙이고 하는 모습이 위성통신을 통해 전 세계의 뉴스가 되고 있습니다. 한국에서 개고기 먹는 것만큼이나 뉴스가 되고 있는 것이, 시험 치는 날 한국 사람들이 하는 행동입니다. 다른 나라에서 보면 희한한 짓이에요. 시험 치는 당사자만이 아니라, 애가 시험 치면 온 집안 식구가 다 입시생이 됩니다. 인생사에서 아무 것도 아닌 건데 이게 큰 문제가 되고 있어요.

앞으로는 학벌이 덜 중요한 사회가 됩니다. 조선 시대에는 과거 급제해서 관리가 되는 것 빼고 사람들이 위로 올라갈 수 있는 길이 없었지요. 지금은 사회적으로 출세라고 명명될 수 있는 것 즉, 지위가 높아지거나 돈을 많이 벌거나 인기를 한 몸에 받을 수 있는 게 뭡니까? 판검사가 되거나 의사가 되거나 회사 사장이 되거나 국회의원이 되는 겁니다. 그래서 여기에 사람이 많이 몰립니다.

삼십 년 전에는 학교에서 음악부에 들어가면 딴따라라고 했어요. 부모는 난리였죠. 또 운동선수가 되어도 난리였죠. 그런데 요즘은 바이올린을 잘하거나 태권도나 골프를 잘하거나 야구를 잘해도 굉장하지 않습니까? 이렇게 인간을 평가하는 기준이 갈수록 달라질 겁니다. 전에는 족벌 사회, 학벌 사회였지만 앞으로 이런 것들이 점점 사라질 겁니다. 옛날에는 명문대 나오면 취직이 100%였는데, 지금은 명문대 나와도 취직이 어렵습니다.

과거에는 명문대 나오면 취직이 잘 되니까 기를 쓰고 들어갔는데 지금은 명문대 나와도 취직이 안 됩니다. 그런데 실업자는 되기 싫으니까 대학원에 갑니다. 거기 가서 또 취직이 안 되니까 박사과정까지 가지요. 박사과정까지 마치고 나면 마흔 살이 다 됩니다. 이때 한국에 돌아오면 취직 자리가 보장이 안 돼요. 나이 많고, 학벌이 높아서 일자리 잡기가 힘듭니다. 회사에서도 이런 사람은 부담스러워서 안 받으려고 합니다. 우리 사회는 지금 학력이 자꾸 높아지는 고학력 사회가 돼가고 있어요. 고학력 사회는 사회적으로 큰 부담이 됩니다.

제가 있는 인도의 둥게스와리 마을은 학교가 없었기 때문에 다 그냥 글도 모르고 막일을 하고 살았습니다. 그런데 우리가 가서 학교를 세우고 글을 가르쳤지요. 인도에서는 글 배운 사람은 막일을 안 해요. 우리도 옛날에 그랬죠? 양반은 물론 상놈도 글만 배우면 막일을 안 하려고 했어요. 그래서 룸펜 된 사람이 얼마나 많습니까? 인도도 그런 식이 돼 있었어요. 중학교만 나오면 벌써 일을 손에 안 대고 있더군요. 그렇지만 그 정도 학벌 가지고 취직이 됩니까? 그러니까 룸펜이 되어 버려요.

JTS가 문자를 깨우쳐준 것까지는 잘 했는데, 잘못하면 이게 큰 문제가 되겠다 싶더군요. 애들이 대학 보내달라고 요구하니까 JTS도 부담이 되지요. 고맙다고 하기보다는

JTS에다 불평을 하는 거예요. 대학 안 보내 준다고, 학비 안 대준다고. 그래서 학습 방법을 바꾸고 기존의 교사들도 다 내 보냈습니다. 그래서 기술학교를 만든 것입니다.

이제 우리 사회도 바뀝니다. 하루아침에 바뀌지는 않지만 서서히 바뀝니다. 20년 전 생각하면 지금 그래도 학벌에 대한 게 조금 완화됐어요. 앞으로 10년, 20년 더 지나 보세요. 지금 애들이 사회의 주류가 될 때는 많이 바뀔 겁니다. 그때도 역시 조금은 남아 있긴 있겠지요. 이 세상에 하루아침에 싹 개선되는 건 없으니까요.

우리가 양반, 상놈 차별 없앤 게 동학 혁명 일어났을 때였어요. 그래도 여러분 어릴 때 기억해 보면, 그때까지 양반, 상놈 있었지요? 요새 양반, 상놈 따지는 사람 별로 없죠. 20년 전만 하더라도 아버지가 술도가 하면 딸 시집가기 어려웠어요. 지금은 그런 게 어디 있습니까. 룸살롱을 해도 큰 사업하는 집이라고 하잖아요. 돈이 세상을 평정해 버렸어요. 그런 것처럼 앞으로 가면 갈수록 더 바뀝니다.

특히 제가 걱정하는 건 자녀 유학 보내는 겁니다. 유학 보내는 것에 대해서 저한테 의논하면 제가 어떻게 가지 마라 하겠어요. 그렇지만 제가 신도한테 절대 안 된다고 말하는 게 있어요. 엄마가 애 따라 간다고 하면 반드시 말립니다. 정토회 나오지 말라고 합니다. 보내고 싶으면 애만 보내라고 합니다. 그런데 유학해서 좋아질 확률은 반반이니 나중에 울고불고 하지 말라고 말합니다. 절대 못 따라가게 합니다. 왜? 결혼을 했으면 부부 위주로 살아야지 자식 위주로 살면 안돼요. 그런데 덜렁 애 데리고 미국 가면 애는 어리니까 말이라도 빨리 배우지만 엄마는 벌써 나이가 들어서 빨리 못 배웁니다. 얼마나 답답하겠어요? 그러니까 오직 관심은 애한테만 가고 애가 공부를 조금만 안 해도 한탄을 합니다. "내가 여기까지 와 가지고 이 고생을 하는데 너는 공부도 안 하냐." 그럼 애들이 미치지요. 그러니까 애는 엄마를 고맙게 생각하는 게 아니고 "왜 여기까지 와서 간섭하나?" 이렇게 됩니다.

인생을 살 때는 원칙이 딱 있어야 합니다. 나이 들면 애들은 다 제 짝 찾아가고 부모 생각 별로 안 합니다. 그러니 남편이나 아내한테 서운하게 하면 늙어서 고생합니다. 부부는 남편이나 아내한테 착 달라붙어야 합니다. 그래야 인생이 좋아집니다. 안 그러면 자식 때문에 고통을 겪게 돼요.

우리는 마치 장님이 코끼리 만지듯이 어느 일부분을 과대

평가해서 그것만 잘하면 인생이 술술 풀릴 것처럼 생각하는데 그렇지가 않습니다. 가장 좋은 인생살이란 수행하는 것입니다. 수행만 되면 영어 못해도 괜찮고, 잘해도 괜찮아요. 돈이 있어도 괜찮고, 없어도 괜찮아요. 젊어도 괜찮고, 늙어도 괜찮아요. 이걸 기본으로 삼고 다른 것은 여유가 생기는 대로, 힘나는 대로 하면 됩니다.

그렇기 때문에 자기 계획을 짤 때도 하루에 한 시간은 수행을 최우선적으로 배정하고, 시간이 없으면 밥을 먹지 말아야 합니다. 밥을 두 끼만 먹고 한 끼는 수행을 한다고 생각하세요. 일주일이면 하루는 무조건 수행을 한다고 잡으세요. 직장에 갈 때도 돈 얼마 주는지 조건 따지지 말고 수요일에는 절에 가야 하니까 수요일 하루 놀 수 있는지, 이걸 기준으로 해서 구하세요. 원칙을 그렇게 딱 세워서 살고, 그런 범위 안에서 들어온 돈 갖고 먹고살겠다고 딱 정하면 아무 지장이 없어요. 그래야 인생이 단순해집니다.

인생살이가 너무 복잡하다 싶으면 원칙을 딱 정해놓고 사세요. 그러면 훨씬 자유로워집니다.

법륜스님의 즉문즉설 卽問卽說

내 사고와 생각으로 이해할 수 없는 것도
받아들여야 합니다.
정말 나하고 안 맞다 싶을 때
이것을 과제로 삼아 살아가는 것,
그것이 공부입니다.

3부

자기 인생의 주인이 되는 길

어떻게 하면 자기 자신을
잘 알 수 있나요?

자기 자신을 잘 아는 방법에 대한 질문에 '스스로 깊이 연구하라'고 말씀하셨는데, 어떻게 해야 연구를 잘할 수 있는지 말씀해 주세요.

자기를 연구하는 데 '어떻게'라고 정해진 방법이 없습니다. 방법론을 따지는 것 자체가 자기 관념을 버리지 않으려는 태도입니다. 깨달음으로 가는 데 무엇보다도 가장 먼저 필요한 것이 자기 생각을 내려놓는 것입니다. '어떻게?' 라는 생각을 하지 말고 그냥 한번 해 보세요.

'스님 시키는 대로 하겠습니다'라는 명심문을 가지고 한번 해 봅니다. '청소하라' 하면 청소하고, '가라' 하면 가고,

'오라' 하면 오는 것을 직접 해 보는 겁니다. 스님이 하라는 대로 따르는 것이 안되면, 그것은 자기를 고집하는 것입니다. 자기를 고집하는 한 깨달음의 길에 들어설 수 없어요. 그러므로 자기를 고집하게 될 때마다 내려놓기를 거듭하면서 열흘만 해 보면, 대번 자기의 습관이 고쳐지고 자신을 바로 알 수 있습니다.

그런데 스님 말을 겉으로는 따르지만 속으로는 '내가 왜 가야 하나? 내가 왜 와야 하나? 아이고, 자기는 시키기만 하고 나만 일하고…….' 이런 생각으로 가득 차 있다면 그 사람은 30년을 절에서 살았다 해도 깨달음과는 거리가 먼 생활을 하는 것이지요.

수행은 자기 생각을 내려놓는 게 제일 중요한데, 그러자면 생각보다도 행동을 우선해야 합니다. 먼저 해 보고 그 다음에 평가를 해야 되겠지요. 그렇지 않고는 자기 관념에서 벗어나기 어렵습니다.

'이해해서 목표에 도달한다.'는 건 자기 관념의 범위 안에서 움직이는 겁니다. 그러나 자기가 이해 안 되는 문제를 차고 나갈 때에야 자기 관념이 무너집니다. 불교의 '화두(話頭)'란 이해되는 게 아닙니다. 이해가 안 되니까 화두인 겁니다. 털끝만치도 이해가 안 되어 꽉 막혀 어떻게든 이것을 해결해야겠다고 부단히 노력할 때 자기 관념의 벽이 무너지게 되는 거지요. 이해를 벗어난 세계를 알고 싶어 하면서 자꾸 이해하려고 해선 안 되겠지요.

'나'란 무엇인가? 이것을 알기 위해 끊임없이 파고 들어가야 합니다. 이름이 '나'인가? 성격이 '나'인가? 도대체 무엇이 '나'인가를 진지하게 알아봐야 해요. '나'라는 것이 있다면 그건 변하지 않는 것일 테니까 불변하는 것을 찾아봐야겠지요. 이름이 '나' 같지는 않고 그러면 성격이 '나'일까? 그런데 성격은 변해요. 막상 진지하게 묻기 시작하면 점점 어려워지고 알 수 없어집니다. 도저히 알 수 없는 깜깜한 상태에서 '백척간두(百尺竿頭) 진일보(進一步)'가 될 때, 그 때 장벽을 뛰어넘게 됩니다.

예를 들어, 담배에 집착하는 데 대한 법문을 아무리 많이 듣고 잘 이해했다 해도 애연가가 담배를 끊으려면 잘 안 됩니다. 그럴 때 그 생각을 그냥 놓아 버리면 사실 간단하게 문제를 해결할 수 있어요. 담배 피우는 데는 시간도 걸리고 노력이 들지만 담배를 끊는 데는 아무 노력이 안 듭니다. 사랑하는 데는 많은 애씀이 있지만 헤어질 때는 그냥 헤어지면 됩니다. 뜨거운 물건을 내가 들려고 하면 참고 인내하고 수건을 가져와서 받치는 등 연구를 해야 하지요. 그런데 뜨거운 그 물건을 놓는 데는 노력이 필요 없다는 것입니다. 시간도 안 걸려요. '엇, 뜨거!' 하면 끝입니다. 그런데 보통은 뜨거워서 놓고 싶은데 이게 안 놓아진다고 이야기하면서 어떻게 하면 놓느냐고 묻습니다. 이게 무슨 뜻일까요? 다른 말로 하면 그것을 놓기 싫다는 것입니다. 놓지 않으면 당연히 손을 데게 되겠지요. 그러면 그 과보를 받으면 됩니다. 갖고 싶으면 손을 데고, 뜨거우면 놓으면 되는 겁니다. 그리고 놓는 데는 어떤 방법도 필요하지 않고 그냥 놓으면 됩니다. 하기 싫어서 갖은 방법이 생기는 것인데, 수행자는 이 싫어하는 자기 마음을 탁 꿰뚫어 보고 한 순간에 그것을 놓을 수 있어야 합니다. 자기 마음을 꿰뚫어 보고 놓기만 하면 되는데, 그것을 알지 못하고 자꾸 다른 방법을 찾으면서 수행하기 힘들다는 말을 합니다. 수행은 힘든 게 아니지요. 힘든 것에서 벗어나는 것을 수행이라 합니다. 수행은 그냥 하는 것이고, 그냥 놓아 버리는 겁니다.

남편하고 갈등이 있을 때, 그것을 어떻게 해결할까? 간단합니다. 내 생각을 고집하고 싶으면, '안녕히 계세요.' 하고 끝내면 되고, 같이 살려면, '아, 당신 말이 옳아요.' 하면 되는 겁니다. 내 의견도 고집하면서 같이 살 수 있는 길을 찾는다면 그 길은 죽을 때까지 계속 다투면서 사는 것이 되겠지요. 그러면 '찌그럭거리는 게 인생'이라는 것을 받아들이면 됩니다. 인생은 찌그럭거리지 않아야 한다는 생각을 버리면 됩니다. 그렇게 탁 받아들이면 찌그럭거린다 해도 그것이 괴로움이 되지는 않아요. '잔소리하기도 하고, 듣기도 하고, 화내기도 하고, 짜증을 받아 주기도 하고, 인생이란 그런 거다, 그게 정상이다.' 이렇게 생각하면 아무 문제가 없습니다.

그런데 우리는 자기 내면의 모순 때문에 괴로운 것인데도 그것을 알지 못하고 자꾸 외부의 다른 것에 문제가 있다고 보기 때문에 해결이 어려운 겁니다. 정신을 차리면 인생에 괴로울 일은 아무 것도 없습니다.

사랑하는 데는 많은 애씀이 있지만 헤어질 때는 그냥 헤어지면 됩니다.

뜨거운 물건을 들려고 하면 인내하고 연구해야 하지만

그 물건을 놓는 데는 아무 노력이 필요 없습니다.

기도를 해도
감응이 없어요

초발심 때는 부처님 만난 것으로 행복하고 기뻤고, 불교 서적을 대하면 대할수록 마음으로 다가와 머리 속에 그대로 남았는데, 몇 해 전부터 몸도 마음도 흐려지고 기도도 별로 감응이 없고 책을 봐도 머리 속에 들어오지 않습니다. 그래서 무기력하고 답답하기만 합니다.

책도 보지 말고 기도도 하지 마세요. 하기 싫은 걸 뭐 때문에 합니까. 그건 자꾸 붙들어서 인생을 낭비하는 겁니다. 기도할 때 계속 졸리면 억지로 참으면서 하지 말고 한 번 자 보세요. 며칠까지 자는지 한 번 푹 자 보세요. 눈이 저절로 뜨이거든 그때 일어나서 기도를 해 보세요. 기도를 하는데 또 졸리면 그 자리에서 엎어져서 또 자 버리세요. 이렇게 하면 언젠가는 잠이 끝이 납니다.

졸리는 것을 억지로 참고 기도를 하면 10년을 해도 10년 내내 졸면서 하게 돼요. 그러니까 졸리거든 그 자리에서 엎어져 자 버리세요. 그리고 눈 뜨면 거기서 또 기도를 하세요. 또 졸리면 또 자고요. 참선도 마찬가지입니다. 하다가 졸리면 그냥 엎어져 자고 잠에서 깨면 일어나서 다시 하세요. 그런데 자고 일어나서 딴 짓 하면 안 됩니다. 이 졸음의 뿌리를 뽑으려면 졸리면 자고 깨면 다시 정진해야 합니다. 그러면 잠은 언젠가는 끊어지고 그 다음에 여일하게 됩니다. 그렇게 끈질기게 해 보면 잠이 버릇이라는 걸 알게 돼요.

지금은 여러분이 그게 버릇 때문에 그런 건지 몸이 피곤해서 그런지 마음이 왔다 갔다 합니다. 졸리면 정신을 차리고 벌떡 일어나서 다시 딱 시작하면 되는데, '이러다가 몸이 아프면 손해 아닐까? 좀 자고 하는 게 낫지 않을까?' 자꾸 이렇게 번뇌가 일어나지요? 그러니까 그걸 용납하지 말고 졸리면 벌떡 일어나 세수하고 와서 하다가 또 졸리면 또 일어나 세수하고 또 앉고 하는 식으로 밀어붙이면, 열 번만 왔다 갔다 하면 딱 끊어집니다. 아니면 그냥 엎어져 잤다가 일어나서 하고, 졸리면 또 잤다가 일어나 하든지 양단 간에 분명하게 하는 게 필요합니다. 인생살이를 늘 헤매면서 계속 그렇게 가면 안돼요. 보기 싫으면 보지 말고 하기 싫으면 하지 마세요. 기도한다고 밥이 생깁니까, 돈이 생깁니까? 뭐 때문에 해요.

불교 책 그거 봐서, 외워서 뭐 하려고 그러세요? 시험 치러 갈 것도 아닌데 머리에 안 들어오면 잊어버리면 되지요. 뭐 때문에 의무감을 갖고 사는지 모르겠어요. 신문 다 읽었는데도 기억이 잘 안 된다고 말하는 사람과 똑같아요. 그냥 쓱 읽어 보고 '응, 세상이 이렇게 돌아가는구나.' 하면 되지 그걸 외워 가지고 뭐 하려고요? 집착을 놓으세요. 그러면 행복해지고 번뇌가 저절로 사라집니다.

저는 절에 들어온 지가 삼십 년이 넘었는데 아직도 천수경을 못 외워요. 그런데 소심경은 외워요. 소심경은 처음 배울 때 밥 먹는 자리에서 못 외워 한대 맞았거든요. 소심경 못 외운다고 밥 먹는데 그냥 머리를 때려 버리더라고요. 그러니까 밥 먹으려고 정신을 차려서 외웠더니 탁 외워졌어요. 저는 암기력이 없어요. 거의 천치에 가까울 만큼 기억을 잘 못합니다. 사람 이름, 얼굴, 어떤 사실 같은 것들을 거의 기억하지 못합니다. 그런데 소심경은 딱 정신이 들어서 외웠거든요. 그런데 천수경은 그렇게 안 외웠어요. 그래서 천수경은 남이 하면 그냥 따라하는 정도는 되는데 혼자서는 책을 봐야 합니다. 그런 나도 중노릇하고, 그런 나도 불교를 가르치는데 왜 안 된다는 생각만 하세요. 머리 나쁜 걸로 하면 저하고 비교가 안돼요. 그러니 된다고 믿고 그냥 하세요. 다 욕심 때문에 그래요. 노력은 안 하고 결과만 바라니까 그렇지요.

안 되면 다시 하면 되는데 무엇이든지 한 번 만에 되기를 바라기 때문에 안 되면 좌절하지요. 그냥 해 보세요. 안 되면 다시 하세요. 그렇게 하면 삶에 생기가 돌아요.

금강경을 읽으면
좋은 일이 생깁니까?

갑자기 별 까닭도 없이 조카가 군대에서 제대하기 한 달 전에 반신불수가 되어서 병가제대를 했습니다. 그때는 조카니까 가슴이 아프긴 아파도 그렇게 크게 와 닿지 않았어요. 그런데 한 달 전에 갑자기 제 눈의 망막이 떨어져서 수술을 했어요. 집에서 가만히 있는 동안에 생각해 보니 뭔가 잘못 돼서 갑자기 이렇게 이해 안 가는 일들이 연이어 집안에 일어나는가 싶더라고요. 그래서 금강경을 읽어야겠다고 생각하고 지금 금강경을 읽고 있습니다.

금강경은 그렇게 읽으면 안 됩니다. 금강경을 읽으면 무조건 좋은 일이 생기는 게 아니라, 금강경을 읽으면 깨달음을 얻습니다. 금강경을 읽다가 '범소유상이 개시허망이구나.' 하는 순간 '아, 미워할 게 따로 있는 게 아니라 내 마음에서 일어나는 거구나.' 이렇게 깨쳐야지요. 이렇게 금강경을 읽으면 병이 낫지요. 금강경을 읽으면 이치를 깨치기 때문에 괴로움이 모두 사라지는 겁니다.

눈에 병이 나면 '그냥 눈에 병이 났구나.' 라고만 생각하면 돼요. 그런데 우리는 '아마 전생에 못 볼 것을 보았나 보다.' 라고 생각하지요. 또 사람이 미우면 '내가 전생에 무슨 죄를 지어서 이런 인간 만났나.' 자꾸 이렇게 생각하지요. 이게 다 책임 전가입니다. '이런 인간 만난 건 내가 전생에 죄를 지어서 그렇다.' 라고 전생으로 돌리면 안 됩니다. 잘못된 그 사람 만난 인연 탓이 아니라 '잘못된 그 사람' 이라고 보는 것이 잘못이지요. 그 사람은 아무 이상이 없어요.

그런데 우리 눈에 그렇게 보이는 것이지요. 눈은 믿을 게 못 돼요. 귀도 믿을 게 못 되고요. 안이비설신의, 색성향미촉법, 이것 때문에 모든 번뇌가 생기는 것 아닙니까? 눈에 보이는 게 진실이고, 귀에 들리는 게 진실이라고 생각하시면 안 돼요. 내 눈에 그렇게 보이고, 내 귀에 그렇게 들릴 뿐이지 그게 사실이 아니에요.

조카가 병에 걸려 누워 있어서 불쌍하다 그랬죠? 미운 거나 불쌍한 거나 같은 병입니다. 다 내가 보기에 불쌍하고, 내가 보기에 미운 겁니다. 그런데 불쌍해서 눈물을 흘려도 내가 괴로운 거고, 미워해도 내가 괴롭습니다. 이게 내 병이니까요. 과보가 나한테 떨어지는 겁니다.

그러니 내 병을 고쳐야 합니다. 일체가 다 내 마음에서 일어난 것입니다. 마음의 병을 고치면 사물은 그냥 사물일 뿐이지요. 만법이 다 공하다는 것입니다. 누구를 미워하며, 무엇을 두고 슬퍼하겠습니까? 그러니 금강경을 제대로 읽고 깨달음을 얻어야 합니다.

여러분은 천천히 걸어 가다가 "스님, 저 좀 빨리 가는 법이 없겠습니까?"라고 묻습니다. 그런 질문을 하는 건 빨리 가고 싶다는 마음이 있기 때문이지요?

"빨리 가고 싶니?"

"예."

"그러면 자전거 타고 가라."

"자전거는 어떻게 탑니까?"

"자전거는 페달을 밟고 빨리 밟으면 빨리 간다. 가다가 오른쪽으로 넘어지거든 오른쪽으로 핸들을 꺾고, 왼쪽으로 넘어지거든 왼쪽으로 핸들을 탁 꺾어야 한다."

"알았습니다."

그래, 그 사람이 자전거를 탔습니다. 빨리 가고 싶어서요. 자전거를 타는데 자전거가 오른쪽으로 넘어지면 핸들을 왼쪽으로 탁 꺾어요. 어떻게 하라고 가르쳐 줬죠? 오른쪽으로 넘어지면 오른쪽으로 꺾고 왼쪽으로 넘어지면 왼쪽으로 꺾으라고 가르쳐 줬죠? 그런데 백 명이면 백 명이 왼쪽으로 넘어지면 오른쪽으로 꺾고, 오른쪽으로 넘어지면 왼쪽으로 꺾어요. 그래서 탁 넘어져 버립니다. 그러면 '이 놈의 자전거 뭐 이런 게 다 있나.' 이러면서 자전거를 발로 찹니다. 그렇지 않으면 '딴 사람은 다 되는데 왜 나만 안 될까?'라고 생각합니다. 이 두 가지가 다 병입니다.

"딴 남자는 다 돼도 우리 남자는 안 돼요."라고 말하는 것은 자전거 탓하는 것이고, "나는 왜 이래 안 됩니까, 나는 수행하고 거리가 먼가 봐요." 하는 것은 자기 탓하는 겁니다.

그러니까 제가 자전거를 탈 수 있도록 해 주는 게 아닙니다. 저는 어떻게 타는지 일러 줄 뿐입니다. 실제로 우리가 자전거를 처음 타 보면 어떻습니까? 잘 안 됩니다. 안 되는 게 당연합니다. 제 법문 듣고 가서 해 보아도 제 법문처럼 안 되는 게 사실이지요. 그러니까 어떻게 해야 하겠습니까? 법문이 틀린 게 아니에요. 넘어지면 일어나서 타야지요. 넘어지면 일어나서 또 타세요. 또 넘어지면 또 일어나 타세요.

왼쪽으로 넘어지면 왼쪽으로 꺾으라고 했는데 오늘 또 오른쪽으로 꺾었으면 '아이고, 왼쪽으로 꺾으라고 했는데 나도 모르게 또 오른쪽으로 꺾었네. 에이, 다시 해 보자.' 하면서 일어나서 또 타다가 또 오른쪽으로 꺾으면 '아이고, 왼쪽으로 꺾어야 하는데 또 오른쪽으로 꺾었네.'

이렇게 세 번, 네 번, 다섯 번, 열 번 하면 언젠가 왼쪽으로 꺾게 됩니다. '아, 이러면 되네.' 하며 좋아하게 됩니다. 그런데 다음에 또 넘어집니다. 그래서 다섯 번 넘어지고, 열 번 넘어지고, 스무 번 넘어지는데, 넘어지는 것은 되는 쪽으로 가고 있는 겁니다. 안 되는 쪽으로 가는 게 아니고요.

그래서 여러분이 한 달 기도하고, 백 일 기도하고, 한 삼 년 기도했는데 아직도 화를 내고 있고, 짜증을 내고 있고, 슬프기도 하는 등 분별심이 나기는 하는데, 옛날하고 비교해 보면 어떻습니까? 화를 하루에 열 번 내다가 하루에 두세 번 내고, 예전에는 화 한 번 냈다 하면 사흘씩 입 다물고 있었지만 요즘은 한 몇 시간이면 돌아오고 그렇지요. 그건 아직 자전거를 타다 넘어지기는 하지만, 전에는 타면 그 자리에서 넘어졌는데 지금은 하루에 한두 번밖에 넘어지지 않는 겁니다. 자꾸 타고 다니면 이렇게 자기가 변해 갑니다. 그러니 자꾸 안 된다는 타령을 하면 안 됩니다. 안 되면 또 하면 돼요, 그냥. 화가 탁 나면 '아이고, 또 화냈네.' 하고, 분별심이 일어나면 '어, 또 분별심이잖아. 나 또 시작이다.' 이렇게 자기를 돌아보면서 가면 됩니다.

그 눈 수술 뭐 그리 큰일이라고 울고 그래요. 저번에 망막 수술을 했으니 오늘은 사물을 제대로 보는 수술도 하세요. 병원에 가서 망막 수술하듯이 오늘 절에서는 전도몽상을 수술하세요. 오늘 눈 수술 한 번 제대로 했다고 생각하세요. 보살님을 위해서 우리 손뼉 한번 칩시다.

이런 좋은 문제 제기를 해 주셔야 하는데, 다 창피하다고 꼭 껴안고 안 하지요. 얼굴을 보니까 다 속속들이 병 쥐고 있건만 안 내놓고 꾹 움켜쥐고 있네요. 내놔서 이렇게 서로 나눠야지요. 습기 찬 것을 보따리에 싸서 장롱 안에 넣어 놓으면 곰팡이만 피죠? 꺼내서 말리듯이 이렇게 드러내어 말씀하셔야 합니다.

관세음보살님을
어떻게 불러야 할까요?

관세음보살님의 명호를 부를 때, 어떤 자세를 가져야 그분이 우리 마음 깊은 곳에서 환한 빛이 되는 기도가 될 수 있을는지요? 또, '애쓸 것 없으면 그게 깨달음이다.' 라는 말씀을 하셨습니다. 그렇다면 굶어 죽어 가면서 자기처럼 고통 받는 모든 사람을 살리겠다고 원을 세우신 관세음보살님은 깨달은 분이 아니신가요? 우리는 어떤 마음을 가져야 하는지요?

'아침에 일어나야 되겠다.' 하는 것은 결심이지요. 그런데 잘 안 일어나지니까 노력을 합니다. 이것은 세속에서 보면 좋은 태도지만, 문제의 본질을 바로 보면 '일어나야지.' 하는 것은 '일어나기 싫다.' 는 마음의 상태를 말합니다. 그러므로 싫다는 이 생각을 놔 버리면 일어나겠다고 결심할 일도 없고 일어나려고 노력할 필요도 없어지지요. 그러니까 문제의 근원을 제대로 보고 가볍게 행하는 것이 수행입니다. 잡초의 뿌리를 놔 둔 채 잎만 베면 계속해서 새로운 잎이 나오는 것처럼, 문제의 근원을 바로 보지 못하면, 열심히 10년을 착실하게 수행했다 하더라도 나쁜 습관이 여전히 불쑥불쑥 고개를 쳐듭니다. 노력하는 것이 나쁘다는 게 아니라, 문제의 근원을 살피지 못하고 그냥 노력만 하는 것은 해탈이 아니라는 말입니다.

관세음보살님께서 어린 나이에 무인도에 버려져 고통스럽게 굶어 죽어 갈 때, 그 고통을 참지 못해 살려 달라고 어머니, 아버지를 목메어 부르며 아우성쳤지만, 세상 사람들 중 그 어느 누구도 이 소리를 듣지 못했고 자기 부모조차도 듣지 못했어요. 그 간절한 구원의 소리를 듣고 자기 심정을 알아주는 사람이 아무도 없었습니다. 얼마나 기막히고 서럽고 막막했겠어요. 그러다가 한 생각이 딱 든 겁니다. 자기처럼 이런 고통을 겪는 다른 사람들이 떠오른 거죠. 부모님이 이런 내 고통의 신음 소리를 듣지 못한 것처럼, 나도 이 때까지 다른 사람들의 신음 소리를 듣지 못하지 않았던가! 이제까지 살면서 그런 고통스런 사람이 없는 줄 알았는데, 사실은 없는 것이 아니라 내 눈에 안 보이고 내 귀에 안 들렸던 것이 아니었느냐는 생각을 하게 된 거죠. 이 고통의 아우성을 누군가가 듣고는 달려와서 구해 줬으면 얼마나 좋을까 하는 그 간절한 마음이, '바로 내가 그런 사람이 되자'로 바뀌었어요. 그래서 누군가가 나를 간절히 부를 때 그 소리를 다 듣고, 보고, 그 소원을 이루어 주는 사람이 되겠다고 원을 세운 겁니다.

사람이 그런 마음을 내게 되면 가슴속에 미움이 남아 있지 않겠지요. 그러므로 자기가 해탈함과 동시에 그 힘이 타인에게도 미치게 됩니다. 우리는 지금 '관세음보살님, 저 좀 도와주세요.' 하는 생각을 갖고 있는데, 관세음보살님은 힘 닿는 대로 남을 도와주려는 생각만 합니다. 그러면서도 힘 들어서 못 하겠다 하는 일은 없습니다. 오히려 도움 받는 우리가 힘들다 하지, 도움 주는 관세음보살님이 사람들 때문에 괴로워서 못 살겠다는 소리를 하진 않는다는 말입니다.

우리가 '관세음보살'을 부르는 건 바로 이 관세음보살님의 원을 본받자는 겁니다. 간절하게 통일을 염원하면서 관세음보살님의 원을 생각하는 거지요. 이 때까지는 내 살 길과 내 자식들만 생각했는데, 관세음보살을 지극하게 생각하고 부르다 보면 관세음보살님처럼 굶주리는 북한 아이들이 내 자식처럼 느껴지겠지요. 그래서 그 아이들의 굶주리는 고통이 자기의 아픔으로 느껴지게 됩니다. 굶주림뿐만 아니라, 분단으로 헤어진 가족들을 만나지 못하고 있는 이산 가족의 아픔도 느껴지겠지요. 이렇게 간절하게 기도할 때 그 아픔이 하나하나 내 가슴으로 다가온다면 그게 바로 통일로 가는 길이 됩니다.

그 아픔들이 마음속에 하나하나 자리 잡을 때, 비록 낮에는 직장 나가고 다른 사회 활동을 한다 해도 자기 삶의 에너지는 온통 그 고통을 치료하는 데 쓰게 되겠지요. 우리가 관세음보살님을 대비(大悲)의 화신이라 하잖아요. '대비'란 아픔을 느낀다는 말인데, 관세음보살님은 일체 중생의 아픔을 내 아픔처럼 느끼는 연민을 가진 분이기 때문에 그냥 자기 일 하듯이 하는 겁니다. 부모가 자식을 돌볼 때 뒤에 보상 받으려고 하는 생각이 없잖아요. 관세음보살님은 일체 중생의 고통을 바로 자신이 겪는 것처럼 생각하는 분입니다. 우리 민족의 아픔이 내 일이 되는 거지요. 대통령보고 이 문제를 해결하라는 것이 아니라, 바로 내 일이 되어 해결하려 노력하게 되는 것이지요. 그런 마음으로 기도하세요.

그리고 이 기도는 가정의 화합에도 도움이 됩니다. 왜냐하면 얼굴도 모르는 사람들의 아픔도 느껴지는 사람이 어찌 나와 살을 맞대고 사는 남편이나 아내, 자식의 아픔을 외면하고 살겠습니까? 일체 중생의 아픔 속에는 내 자식과 남편과 부인의 아픔도 포함되어 있으니까요. 기도를 하다 보면 자연히 남편이나 아내, 자식을 이해하는 방향으로 가겠지요. 그러면 집안에 화해와 통일이 옵니다. 또 기도를 통해 경상도 사람은 전라도 사람이 겪는 아픔을, 전라도 사람은 경상도 사람이 겪는 아픔을 느끼게 되고, 기업주는 노동자의 아픔을, 노동자는 기업주의 답답함을 이해하게 되면 그것이 우리 사회의 화해와 통일이라고 볼 수 있겠지요.

그러니까 이 기도는 분열된 가정과 사회와 민족을 화해와 통일로 나아가게 하는 것이지, 관세음보살님께 '통일하게 해 주세요.' 하는 기도는 아닙니다. 그분과 같은 마음을 내어 내가 바로 통일의 주체가 되는 기도가 되겠지요.

일어나야지 하는 것은 일어나기 싫다는 뜻입니다.

왜 전생에 대해
참회해야 합니까

저는 불교가 아주 합리적이고 과학적이라고 생각했어요. 그런데 얼마 전에 각해 보살님을 뵙고 기도문을 받았습니다. 보살님께서는 "당신은 전생에 두 사람을 살해한 업이 있어서 현재 불행한 인연을 당하는 것은 당연하다."고 말씀하시고, 거기에 대해 참회를 많이 하라고 하셨어요. 그런데 제게는 그 말씀이 와 닿지가 않았어요. 전생을 말하는 것은 참 합리적이지 못하다는 생각이 들고, 과연 전생이 있을까 하는 의문도 들었습니다. 그래서 첫째 질문은 정말 전생이 있느냐는 것이고요, 둘째는 현재 제가 잘못한 일이 있어서 그 잘못에 대해서 참회하라면 참 쉬울 것 같은데, 왜 현생에 대해 참회하지 않고 전생에 대해 참회해야 하는지 알고 싶습니다.

수행하는 사람은 자기 입장이 아주 분명해야 합니다. 지금 질문하신 분처럼 그런 생각을 가지고 있다면 다른 사람에게 묻지 말아야 합니다. 물어 놓고는 듣고 따르지 않으려면 왜 묻습니까? 묻는 사람은, 질문하여 얻은 답이 마음에 안 들면 '나와는 상관없는 이야기다' 하고 깨끗이 잊어버리든지, 아니면 이왕 물었거든 그분이 하는 이야기를 그냥 받아들이는 자세를 가져야 해요. 내가 이해할 수 있고 내가 알 수 있는 일이라면 그분에게 물을 필요가 없잖아요. 내가 잘 모르니까 물었고, 그러면 그분의 말을 들어야 하잖아요.

  그러니까 지금처럼 생각하는 경우에는 물으러 가지 않는 게 좋았겠다 싶어요. 그리고 물었다 하더라도 지금처럼 현생이 중요하지 전생이 뭐가 중요하냐는 생각이 들면 '저렇게도 말하는구나.' 라고 간단히 생각하면 되는 거지요. 라디오를 듣거나 책을 보면 다양한 주제로 이렇게 말하는 사람, 저렇게 말하는 사람 다양하잖아요. 우리가 그런 이야기를 다 들으면서 그 말에 신경 쓰며 살지 않듯이 그렇게 흘려서 들으면 됩니다. 하지만 그분의 말씀을 참고해야겠다는 생각으로 물었다면, 그 말씀이 이해가 안 되면 안 될수록 사실은 자신에게는 도움이 되는 것이니까 그대로 한번 해 보십시오.

한번 해 보면 '아, 이래서 그렇게 말씀하셨구나.' 하고 느낄 수 있게 될 거예요. 지금 기도문 내용에 대한 얘기가 아니라, 우리가 기도문을 받을 때 취할 태도를 얘기하는 겁니다.

질문하신 분은 첫째, 앞으로는 아무 데나 가서 묻지를 말고 둘째, 물었거든 그대로 받아들여서 따라 해 보는 것이 좋겠습니다. 또 물어서 답을 들었는데도 마음에 안 들거든 그냥 지나가는 소리로 가볍게 잊어버리세요. 어느 쪽을 택할 거예요?

듣겠습니다.

그렇다면, 현재의 내 사고나 생각으로 이해할 수 없는 것도 받아들여야 합니다. 그때 가장 중요한 것이 믿음이에요. 그분의 인격이나 생각, 판단 등을 고스란히 믿는 겁니다. '왜 그런 말을 했을까?' 하는 것이 중요한 과제가 되어야 합니다. 말씀대로 해 보면서 늘 화두처럼 가지고 있어야 하는 거지요. 화두는 풀어야 할 과제입니다. 그 말씀을 중요한 과제로 삼아 살아가야 한다는 것이지요. 인생을 살다 보면, 이 세상에서 내가 했던 행동의 결과라고 여길 수 없는 일들이 자꾸 일어날 때가 있어요. 얼굴도 처음 보고 알지도 못 하는 어떤 사람이 마구 내 욕을 해요. 날 언제 봤다고 욕하며, 나에 대해 뭘 알고 무슨 이해 관계가 있다고 욕을 하는지 이해할 수 없지만, 그런 일이 생긴다는 말입니다. 그럴 때 전생이 있는지 없는지는 놔두고라도 '내가 지금까지 이해하고 있는 범위 내에서 모든 인생 문제가 해결되는 것이 아니구나. 뭔가 다른 어떤 연유도 있겠구나.' 이렇게 생각하는 계기가 되는 거지요.

그런데 만약 잘 모르는 사람이 나한테 아주 심한 욕을 하면 화가 팍 나겠지요. 그때 이런 기도문을 가지고 수행을 하면, '아! 지난 생에 나와 인연 있었던 사람인가 보다.' 하고 생각을 돌릴 수 있는 겁니다. '살생의 인연이 있다' 하면 인생이 평탄하지 않아요. 단명하거나 몸에 병치레를 계속하거나 구설수가 늘 따르는 과보가 있습니다. 다시 말하면 세상살이가 순탄하지 못하다는 거예요. 그래서 자신이 살아오면서 '내 인생이 보통 사람보다 순탄하지 못하구나.' 하는 생각이 들면, 이 말을 귀담아 들어볼 필요가 있어요.

살생한 과보가 있다는 것을 생각해 봐요. 그 과보를 그대로 받는다면 당장 그 사람이 나를 죽여야겠지요. 그런데 나는 지금 죽지 않고 살아 있어요. 그렇게 되면 비록 여러 가지 병치레를 하고, 수많은 구설수에 오른다 해도 안 죽고 살아 있는 것만 해도 고맙게 여겨지지 않겠어요?

살아가면서 고통이라 할 만한 일이 생길 때마다 이 생각을 떠올리면 그 상황이 괴롭게 느껴질까요? 과보가 이 정도인 것만 해도 참으로 고마운 일이라는 생각 때문에 이미 자기에게는 재앙이 아니지요. 이런 일, 저런 일이 생겨도 그냥 고맙게 받아들이기 때문에, 남들은 놀라운 시선으로 나를 보겠지요. '저 사람은 정말 보살이구나. 저런 구설수를 듣고도 가만히 있고, 저렇게 몸이 아픈데도 계속 일을 하는구나.'라고 말이지요. 이렇게 지은 인연을 알게 되면 자기의 과보를 기꺼이 받으려는 마음이 되기 때문에 자연히 보살로 살게 됩니다.

내 인생살이가 순탄치 못하다는 건 내 인생이 나쁘다는 뜻이 아닙니다. 인생이 순탄치 못하더라도 내가 살생의 인연을 지은 사람이란 걸 자각하면, 그 정도는 지은 인연의 과보에 비하면 아무 것도 아니기 때문에, 어떤 일이 닥쳐도 이만한 것이 다행이라는 생각을 갖게 됩니다. 이런 마음으로 살아가면 내 앞에 어떤 어려운 일이 닥쳐도 고통스럽지 않습니다. 고통스럽지 않으면 불행한 인생이 아니라 행복한 인생입니다.

전생에 살생의 인연을 지었다는 것은, 전생에 지은 나쁜 죄 때문에 이생에서 고생하면서 살아야 한다는 말이 아닙니다. 불교에서는 '업이 다를 뿐이고 좋고 나쁜 것은 없다.' 라고 합니다. 지은 업을 알고 기꺼이 받아들이면 아무 문제도 없는 거지요. 쥐약인 줄 모르고 먹은 사람은 먹고 죽게 되니까 괴로워하지만, 쥐약인 줄 아는 사람은 아무리 배고파도 먹지를 않습니다. 그런데 쥐약인 줄 알고 먹지 않는 길만 있는 것이 아니라 쥐약인 줄 알고 먹는 사람도 있어요. 죽으려는 사람이겠지요.

불교는 '먹어라, 먹지 마라.' 를 가르치는 것이 아니라, 쥐약인 줄 모르고 살려고 먹었는데 죽게 되어 괴로워하니까 그것이 쥐약임을 알려 주는 가르침입니다.

부모님 은혜와
중생의 은혜를 안다는 것은

저의 기도문이 '부처님, 관세음보살님, 부모님 은혜 알고 중생의 은혜 알아 꼭 성불하겠습니다. 참회합니다.'입니다. 구체적으로 어떻게 하는 것이 해탈하고 성불하는 건지 알고 싶습니다.

우리가 매사에 불평이 많은 것은 자기가 지은 인연을 모르기 때문입니다. 지은 인연을 알면, 사람들을 미워하거나 원망하고 불평할 수가 없어요. 부모에게 불평이 많다는 건 부모의 은혜를 모른다는 얘기입니다. 그래서 부모의 은혜를 알아야 한다는 것이지요. 본인은 지금 부모에 대해서 불평이 없다고 생각할지 모르지만, 가슴속 밑바닥에는 부모님에 대해 불만과 미움이 있어요. 그것이 어머니든 아버지든 가문이든. 그러나 부모님이 날 낳아 키우시고 애쓰신 은혜를 하나하나 생각하면, 눈물 날 일이지 불평할 일이 아닙니다.

"부모님 감사합니다. 정말 고맙습니다. 저 키우는 동안 얼마나 고생하셨습니까? 그런데도 철없이 늘 원망이나 해서 죄송합니다."

이렇게 부모 심정으로 돌아가서 '날 키운다고 얼마나 힘드셨을까' 자꾸 생각하면 가슴속에 있는 부모에 대한 원망심이 사라지지요. 그런데 남을 원망하면 자기가 오히려 괴로워집니다. 자기 정신세계가 부정적이 되어 삼악도에 떨어진다는 말입니다.

부모나 집안에 불만이 있으면 그 반작용으로 보통 집을 나와 빨리 독립하려 하고, 남자도 빨리 사귑니다. 그렇게 되면 부모에게서 충족되지 못한 기대를 남편이나 애인에게 구하게 되는 격이어서, 처음에는 그것이 극복된 것 같겠지만, 결혼해서 살다보면 남편에 대한 실망이나 미운 생각이 올라오게 됩니다. 그러면 '내가 전생에 무슨 죄를 지어서 이런 남자를 만나 결혼하게 됐나.' 하고 후회하면서 또 다른 기댈 곳을 찾게 됩니다. 이혼까지는 안 가더라도 늘 그런 불만을 가슴속에 품고 있기 때문에 자식을 낳게 되면 이번엔 또 자식한테 기댑니다.

그런데 아이가 크면서 내가 원하는 대로 되지 않기 때문에 또 실망하게 됩니다. 그러면 나중에 부모도 미워지고, 남편도 미워지고, 자식에게도 배신당한 기분이 듭니다. 이렇게 되면 인생이 지옥처럼 느껴집니다.

다행히 아직 결혼을 안 하셨으니, 지금이라도 부모 입장으로 돌아가서 부모에게 늘 감사하는 마음을 내라는 기도문을 주신 겁니다. 이렇게 하지 않으면, 부모에 대한 반발심에 판단이 흐려져서 누가 나한테 조금만 잘해 주거나 나의 부족감을 옆에서 채워 주거나 하면 그 사람에게 푹 빠져 버립니다. 그러고는 나중에 후회하지요. 그래서 부모의 은혜를 아는 참회 기도를 해서 그 원망심을 풀어야 합니다. 부모와의 관계가 편안해지고 늘 부모님에 대해 고마워하게 될 때에야 결혼 생활도 원만해지고, 자식을 낳아도 어려움이 없습니다. 부부 사이에 갈등이 있으면 남편에게 참회 기도를 하고 고마운 마음이 되어 있을 때 자식을 낳으면 자식에게도 좋은데, 남편에게 미운 감정이 있을 때 자식을 낳게 되면 나중에 그 자식이 자라서 반드시 불효자가 됩니다.

중생의 은혜를 고맙게 생각하라는 것은, 부모한테만 불평이 있는 게 아니고 세상 사람들에 대해서도 불평이 많다는 얘기입니다. 편히 마음 놓고 다닐 수 있는 길, 음식과 집, 우리가 편하게 살 수 있는 그 하나하나를 따져 보면, 다른 사람들의 고마움은 이루 말할 수가 없습니다. 그래서 기도할 때 항상 외우는 구절이 있어요. '한 방울의 물에도 천지의 은혜가 깃들어 있고, 한 톨의 쌀에도 만민의 노고가 깃들어 있고, 한 올의 실타래 속에도 직녀의 피땀이 서려 있다.' 우리는 천지의 은혜, 중생의 은혜를 알아야 합니다.

내가 건강하게 생존하려면 맑은 공기가 있어야 하고, 물이 있어야 하고, 곡식이 자랄 수 있는 흙과 빛이 있어야 합니다. 우리 눈에는 보이지 않지만 땅 속에는 수많은 지렁이와 다른 작은 생물들, 박테리아들이 있어서 땅에 있는 것들을 분해하거나 소화해서 살아 있는 흙이 되도록 끊임없이 작업하고 있습니다. 그 인연으로 내가 살고 있어요. 그런데 그게 눈에 안 띄니까 그 은혜를 쉽게 잊어요.

이 일체중생의 은혜에 늘 고마워하게 되면 처음 만난 사람이거나 낯선 사람이라 해도, 종교가 다르고 피부 빛깔이 다르다 해도, 반갑게 대하게 되는 겁니다. 나를 도와주었던 사람, 나를 생존케 했던 사람들인데 그 동안 만나지 못하다가 이렇게 인연이 되어 만났구나 하는 생각이 들지요. 소문으로만 듣던 사람을 만나면 처음 봐도 반갑지 않습니까. 그렇게 은혜에 감사하는 마음이 있어야 합니다.

꽃 한 송이를 보고도 기뻐하고, 새 울음소리를 들어도 기분이 좋고, 밝은 달을 보고도 기쁨이 이는 생활을 해야 합니다. 그래서 중생의 은혜를 아는 기도를 하라는 것입니다. 그러면 길을 가다 누구를 만나든, 또 아무리 귀에 거슬리는 소리를 들어도 짜증나고 미워하고 화나고 슬퍼하지 않게 되고, 사람을 만나는 것도 일하는 것도 기쁨이 됩니다. 그러니까 하는 일마다 즐거움이 되는데, 이것을 자유라 하기도 하고 해탈이라 하기도 합니다. 괴로움이 없으면 열반이라고 부릅니다. 그래서 부처가 된다고 하는 거예요. 그 기도문은 이렇게 연결되어 있는 겁니다.

꽃 한 송이를 보고도 기뻐하고,
새 울음소리를 들어도 기분이 좋고,
밝은 달을 보고도 기쁨이 이는 생활을 해야 합니다.

부처님이
회사 생활을 한다면

5년 전에 '부처님을 닮겠습니다.'라는 기도문을 받았습니다. 당시에는 어렵지 않게 할 수 있겠다 싶었는데 회사 생활을 하다 보니 갈등이 생깁니다. 처음에는 무조건 사람들을 많이 도와주고 그렇게 사는 거라 생각했는데, 지금은 내가 자꾸 치인다는 느낌이 들어서 그렇게 사는 게 아닌 것 같기도 하고, 그런 면에서 점점 기도문의 의미가 어떤 것인지 궁금해졌습니다.

'부처님을 닮겠습니다.'라는 기도문을 받았으면, 부처님이 어떤 분인지 알아야 할 것 아닙니까? 남을 도와주면서 자꾸 치이는 것 같다고 했는데, 가진 게 아무 것도 없으면 아무도 달라고 하지 않습니다. 남이 나보고 달라 한다는 건 무엇인가 줄 게 있다는 말입니다. 세속 생활을 해도 남을 도와줄 수 있는 부자가 낫지, 남에게 도움을 얻는 가난한 사람이 나아요?

그런데 저 자신은 그렇게 넉넉하다는 생각이 안 드는데요. 그것 때문에 더 힘들고…….

마이크로소프트 사장에게 자기가 넉넉한지 한번 물어 봐요. 아직 한참 멀었다고 생각할 겁니다. 다 자기 생각입니다. '부처님 닮겠습니다.'는 기도문을 받으면 다른 건 다 놓고서라도 우선 부처님이 어떤 사람일까를 생각해 봐야 합니다. 어떻게 사셨고, 인생에 대해 어떻게 말씀하셨는지 공부 좀 해야지요. 그리고 부처님 가르침을 다 실천하지는 못하더라도 몇 개는 해 봐야겠다고 마음먹는 것이 순서 아니겠어요?

부처님은 정말로 아무 것도 안 갖고 사셨습니다. 그러니 부처님께 와서 달라고 한 사람은 아무도 없었어요. 그래서 여러분 중에는 '부처님은 평생 자선 사업한 예가 없지 않습니까? 그러니 불교는 자선 사업하는 게 아니야.' 이렇게 생각하고 얘기하는 사람이 있어요. 그러나 부처님은 아무 것도 가진 게 없으니까 아무도 부처님한테 달라고 하지 않았을 뿐이지, 만약 가진 게 좀 있었다면 누가 와서 달라고 할 때 부처님이 주지 않았을까요?

여러분이 다른 사람에게 100억 원을 빌려서 사업하다가 실패해서 다 날려 버리고 팬티 하나만 딱 입고 앉아 있으면 죄가 안 됩니다. 그런데 자기 것을 좀 숨겨 놓고 안 갚으면 그건 문제죠. 자기 돈을 받지 못해 화가 나서 '죽일 놈' 하며 정신없이 달려온 사람도 자기 성질에 못 이겨서 그 당사자를 보자마자 따귀를 몇 대 올리다가도, 밥도 쫄쫄 굶고 덜덜 이빨도 떨고 잘 데도 없이 나무 밑에서 오들오들 떨고 있으면, 라면이라도 한 개 사 주고 갑니다.

부처님은 아무 것도 안 가지셨는데 지금 질문한 분은 많이 가지고 있어요. 그러니까 부처님을 다는 못 닮아도, 가지고 있는 것 중에서 조금은 나누어 주어야겠다 하면 부처님의 만 분의 일은 닮을 수 있지 않느냐는 말입니다. 먹는 음식도 부처님은 남의 집에서 얻어먹었는데, 본인은 어디 가도 그보다 더 좋은 음식을 먹을 수 있으니까, 조금은 검소하게 먹어도 부처님보다는 훨씬 잘 먹는 셈이잖아요. 잠자리도 부처님이 자던 곳보다 훨씬 좋고 마음 씀씀이도 그래요. 어떤 사람이 부처님을 욕하고 모함했을 때 부처님이 어떻게 했는지, 그런 걸 하나하나 생각해 보면 '나는 부처님을 다는 못 닮지만 그 10분의 1이라도 해봐야겠다.'고 생각하면 내가 어떻게 살아야 할지, 내 삶의 기준을 마련할 수 있겠죠.

처음에는 그렇게 생각해서 행동하려 했는데, 가면 갈수록 그 생각이 없어지고 나도 챙겨야 되겠다는 생각이 들어요.

챙겨야 되겠다고 생각하시면, 챙기면 되지요. 그건 질문거리가 아닙니다. 그런데 챙기면 어떻게 될까요? 부처님을 닮아 가라는 말이 뭘 의미하죠? 챙기는 것보다는 부처님 닮아 가면 내 인생에 이로우니까 그런 기도문을 주지 않았을까 생각해 보세요.

그런데 제 것을 챙기려 하니 주변 사람들과 많이 다투게 됩니다. 신경도 많이 써야 하고.

모든 사람이 다 재물 욕심이 있는데, 챙기려 할 때 다투게 되는 건 당연하지요. 챙기려면 그 정도의 다툼은 각오해야 하찮아요? 그런데 다투기 싫다는 말입니까?

다투는 게 싫다는 게 아닙니다. 예전에는 무조건 베풀면 그 쪽도 그럴 거라 생각했는데, 회사 생활하다 보니 그렇지 않다는 것을 알았어요. 그 사람들은 자기 걸 다 챙기고 또 요구하고, 해줄 것만 해주고……. 저 자신도 그렇게 하지 않고서는 그런 조직에서 견디기가 힘들더라고요. 그래서 내 자신을 추스르기 위해서는 어느 정도는 나도 챙기는 것이 있어야겠다는 생각도 들어요.

내 것 챙기려니까 회사에서 견디기 어렵지, 내 것 안 챙기려는데 견디기 어려울 게 뭐 있어요? 좀 더 구체적으로 말해 보세요.

안 챙기면 좀 억울하다는 느낌이 듭니다.

부처님이 남의 밥 얻어먹을 때, '내가 왕자인데 밥 얻어먹고 살아서야 되겠나, 옷 얻어 입고 살아서 되겠나, 왕자 출신인데 맨발로 살아야겠나, 나무 밑에서 자서야 되겠나.' 하는 생각 안 하셨어요. '억울하다'는 생각 자체가 부처님을 닮아

가는 게 아닙니다. 억울하다는 생각이 든다는 것은 억지로 한다는 것이죠.

'부처님 닮아가겠습니다.' 하고 마음 낸다는 것은 무엇을 말하느냐. 친구간의 이해 관계로 조금 손해본 듯할 때, 내게 약간의 원망심 같은 것이 생기겠죠. 그럴 때, 부처님처럼 산다는 것은 '아휴, 부처님도 다 주셨는데, 그래도 저 자식은 9할은 내게 남겨 두고 1할만 가져갔네.' 하고 한 생각 돌리는 것을 말합니다. 이 세상 사람이 아무리 못 됐어도 남의 것 다 가져가는 사람은 없습니다. 친구지간에 술을 열 번 사면 그가 세 번은 사고, 그러면 내가 손해를 좀 보죠. 그러나 이 기도문을 생각하면 내 속에 있던 그 친구에 대한 원망심이 사라지겠죠?

내가 별로 잘못한 것도 없는 것 같은데, 그 친구가 나한테 욕을 했다 합시다. 그 경우에도 '부처님처럼 살겠습니다.' 라는 기도문대로 산다면, '부처님이 억울한 일 당했을 때를 생각해 보면 이건 별 억울한 일도 아니잖아.' 이렇게 됩니다. 손해났다거나 억울하다거나 분하다는 생각이 들 때마다 '부처님처럼 살겠습니다.' 하는 기도문을 생각하는 순간, 그런 생각이 사라지지 않을까요? 그러면 기도문은 누구를 해탈시키는 거예요? 왜 기도문 때문에 손해 본다고 생각합니까?

'정말 맞는 기도문이다.' 하는 생각이 들 때는 아주 가끔입니다.

자기 생각에, 정말 나하고 안 맞다 싶을 때 그것이 진짜 기도문입니다. 당연하고 상식적이라 생각하는 것에서 온갖 괴로움이 생겨요. 그래서 기도문은 그 상식을 초월하는 겁니다. 기도문을 받으면 대부분이 이렇게 말해요.
"이 기도문, 딴 사람 것 아닙니까?"
"나한테는 안 맞는데요."
그건 자기 생각대로 살겠다는 이야기입니다. 자기 생각대로 살겠다고 생각하면 기도문이 필요 없어요. 자기 생각을 고집하는 것을 버리는 것이 수행이며, 아집을 버리면 마음이 고요해지고 편안해집니다. 그러니 다만 기도문대로 참회하고 정진하십시오.

부처님처럼 사세요.

봉사를 열심히 했는데도
아이가 대학에 떨어지면
어쩌지요?

여기 정토회에 나와서 일을 하다가 가끔 '아이가 대학을 가게 되면 다행이지만, 못 가게 될 때도 내 마음이 한결같을 수 있을까? 만약 못 가게 되어 괴로워지면 어떻게 하나?' 이런 생각이 듭니다. 여기서 일한 걸 후회하지 않을까 걱정됩니다.

여기 자원 봉사자가 백 명이 있다 합시다. 백 명이 여기 와서 전부 목탁 치고 하루에 다섯 시간씩 우리 아들 대학 시험에 붙게 해 달라고 기도를 해도 절반은 떨어집니다. 시험에 붙은 절반의 사람은 기도해서 붙었다고 생각하겠죠. 또 백 명이 교회 가서 기도해도 절반은 붙습니다. 그 절반은 하나님이 붙게 해 줬다고 여기겠지요. 여기에서 기도했는데 떨어진 50명은 부처님 믿었더니 소용없었다고 다음에 교회 가서 기도하겠지요. 그러면 25명은 붙고 25명은 떨어집니다. 그럼 붙은 25명은 하나님이 최고라면서 교회로 갈 겁니다. 나머지 25명은 하나님도 소용없다면서 절에도 교회에도 안 나갈 것입니다.

여기 와서 열심히 자원 봉사를 하는 학부형의 아이들도 절반은 붙고 절반은 떨어집니다. 여기 와서 봉사 안 해도 역시 절반은 붙고 절반은 떨어집니다. 그러니까 여러분이 여기 와서 일을 안 해도 아이는 떨어질 수가 있고, 여기 와서 일을 해도 떨어질 수가 있는 거지요.

그런데 절에 와서 일을 하면 아이가 대학에 붙을 거라고 기대하면 어떻게 될까요? 이 일이 좋기 때문에 그냥 할 뿐이어야 하는데, '내가 이렇게 좋은 일하면 우리 애가 복 받아서 붙지 않을까?' 하고 이 일과 애 시험을 결부시키기 때문에 지금 그런 걱정이 생기지요. 그러니까 뭐가 문제냐 하면 아이 공부와 봉사를 연결한 게 문제입니다. 연결해서 생각하지 마세요. 아이가 시험에 붙는 것은 꼭 공부를 잘해서 되는 것은 아니에요.

아이가 공부를 열심히 하느냐 않느냐 하고도 관계있지만,

어느 정도 선에서 원서를 내느냐 하는 것도 관계가 있죠. 그런데 여러분은 아이가 실제로 공부를 요만큼밖에 않는데, 이만큼 하라고 계속 원하니까 계속 아이한테 불평이고, 아이는 또 엄마에게 불평이어서 서로 죽을 지경이지요. 또 성적이 요만큼 나왔으면 거기에 맞춰 원서를 내면 되는데, 엄마는 욕심에 조금이라도 더 좋은 대학에 보내려고 하죠. 애도 욕심에 엄마를 따르니까 떨어질 수밖에 없지요.

절에 와서 자원 봉사를 하면 자원 봉사하지 않는 분들의 아이들보다 시험에 붙을 확률이 높습니다. 다 그런 건 아니지만, 붙을 확률이 높아요. 여기 와서 부처님 법을 듣고 이렇게 공부를 하면 여러분이 아이에게 요구하는 것이 줄어듭니다. 그러니까 아이하고 시비하는 시간이 전보다 적어집니다. 그러면 애는 스트레스를 그만큼 덜 받으니까 그만큼 공부를 더 합니다. 시험 원서를 낼 때도 여기 와서 일을 하고 법문을 들으면 욕심을 버려서 조금 낮춰서 내니까 붙을 확률이 그만큼 높아지지요. 그래서 자원 봉사를 하면 붙을 확률이 높습니다. 이렇게 우리들의 기대를 낮출 수 있도록 가르쳐 주는 게 부처님의 가르침이고 부처님의 가피입니다. 부처님의 가르침으로 인해서 우리들의 괴로움과 번뇌가 사라지고 가정이 화합하므로 이게 부처님의 가피인 겁니다.

그런데 우리는 그런 무지한 상태, 이치에 맞지 않는 행동으로 요만큼 했지만 이만큼 벌어들이기를 바라죠. 그래서 죽기 살기로 갓바위도 가 보고, 어디도 가 보죠. 여러분은 자식에게 하루 종일 일하는 파출부 자리나, 공사장에 가서 일하는 막노동 자리를 구해 달라고 기도하지는 않죠? 그런데 복권을 사면 갓바위 가서 기도하고 싶어합니다. 이렇게 기도의 심리라는 것은 우리들의 허황한 마음하고 늘 결합돼 있습니다.

브라만이 신에게 기도하면 뭐든지 이루어진다고 가르쳤는데, 부처님은 그런 것을 비판하셨어요. 그게 허황한 것이고 어리석은 것이라고 말씀하셨거든요. 우리는 부처님의 가르침을 듣고, '아, 이거 내가 어리석었구나, 고(苦)가 이런 것에서 발생하는구나.'라고 자각해야 합니다. 부처님은 괴로움에서 벗어나 자기가 원하는 대로 살아가는 열반의 길을 여셨습니다. 그런데 세월이 흐르면서 이 허황한 것을 도리어 승려가 부추기고, 또 대중은 그 허황한 생각대로 자꾸 요구하고, 승려도 거기에 맞추다 보니, 지금 불교의 이름으로 불교와는 거리가 먼 종교 집단이 만들어졌어요. 신과 인간 사이에 끼어서 이 허황한 생각을 이쪽 저쪽에 전해 주는 중간 브로커, 이게 사제(司祭) 아닙니까. 그게 브라만이고 제사장이지요. 부처님이 그걸 부정한 겁니다. 그래서 밝은 지혜의 눈으로 자기 인생은 자기가 주인이 되어 살도록 가르치셨고, 그 가르침을 따르는 수행자라는 그룹을 만든 것입니다. 그런데 지금은 부처님을 대신해서 부처님의 말씀으로 여러분을 깨우치고 여러분의 마음을 위로해 주는 스승의 역할을 못하고 있단 말입니다.

부처님의 가르침을 공부하여 '아, 내가 그 동안 나만 생각하고 살았는데, 나라는 것을 깨뜨리고 보니 남편의 고통도 보이고 애로점도 보이고, 자식의 어려움도 보이는구나.'라고 스스로 이해하게 되면 저절로 가정은 화목해집니다. 그렇게 행복해지기 위해서 몸부림을 쳤는데도 안 되던 게 부처님의 가르침을 통해서 이루어지니 아주 기쁘지요. 이런 기쁨을 나만이 아니라 내 이웃에 있는 사람들도 누렸으면 좋겠다는 생각이 저절로 들겠지요. 그때 옆에서 괴롭다고 하면 "절에 가서 법문 좀 들읍시다."라고 권하게 되겠지요. 세력을 키우기 위해서 포교를 하는 게 아니라, 그 사람에게 도움을 주기 위해서 포교를 하는 겁니다. 그리고 내가 가진 돈을 좋은 데 써 달라고 시주도 하게 됩니다.

수닷타 장자가 왕사성에서 부처님의 법을 듣고 깨달아서 기뻐하면서, "부처님, 우리 나라에도 오셔서 그 좋은 법을 듣고 사람들이 행복해질 수 있도록 교화해 주십시오."라고 요청하는 것으로 끝내지 않았어요. 부처님과 제자들이 와서 머물 곳도 있어야 하고, 대중이 지내려면 필요한 게 많잖아요. 그러니까 자기 집이고 재산이고 싹 팔아서 대중들이 부처님 만나러 오기도 좋고, 부처님이 탁발하러 가기도 좋고, 그러면서도 법회하기 좋고, 수행하기 좋은 도량을 구했어요. 그렇게 좋은 조건을 갖춘 곳은 값이 비쌀 수밖에 없었어요. 지금 서울에서도 시내 가까우면서도 조용한 곳은 다 권력자나 부자가 가지고 있을 것 아닙니까. 당시 그런 데는 왕자가 가진 땅밖에 없었어요. 그러니 자기 전재산을 줘도 못 사는 땅을 신심으로 산 거예요.

이게 보시예요. 그걸 이름하여 '무주상 보시'라고 합니다. 이제까지는 돈이라는 것이 세상에서 뇌물로, 쾌락으로 사용됐는데, 자기가 이제까지 애써서 번 돈이 그렇게 좋은 데 쓰였을 때 얼마나 기뻤겠습니까? 그처럼 쓰일 돈을 벌기 위해서 사업을 한다면, 사치하고 낭비하는 데 쓸 돈을 버는 것보다 사업이 얼마나 재미있고 보람 있겠습니까?

자식이 좋은 대학에 갔으면 좋겠다는 것은 순수한 바람이지만, 그것이 허황한 욕심일 때는 가정의 불화를 가져옵니다. 그런 것 때문에 아이들이 옥상에서 떨어져 죽고, 답답해서 부모 몰래 마약을 하고 그러지요. 공부는 안 되지, 부모 기대는 크지, 학교 가서 들으니 잘 모르겠지, 시험 치면 점수는 안 나오지 어떻게 하겠어요? 답답하면 뭘 해요? 술 한 잔 먹게 되겠지요? 답답하면 담배 한 대 피우고 싶어지겠죠? 그거 갖고도 해결이 안 되니까 마약을 찾지요. 그래도 안 풀리니까 오토바이 타고 빵빵거리며 돌아다니는 겁니다. 우리 생각에는 학교 갔다 와서 열심히 공부만 하면 얼마나 보기 좋겠습니까? 그런데 아이 입장에서는 그게 안 되거든요. 그러니까 아이의 심정을 이해하고 무엇이 아이한테 필요한지, 어떤 도움을 줘야 하는지 연구해야 합니다.

자원 봉사를 열심히 하세요. 그러면 애가 대학에 붙습니다. 그러나 반드시 붙는 건 아닙니다. 그렇지만 얻는 이익이 있습니다. 이런 봉사 활동을 하면 욕심이 줄어듭니다.

'봉사 활동을 하면, 열심히 기도하는 것보다 복을 더 많이 짓는 거라더라. 내가 봉사하면 우리 아이가 대학에 붙겠구나.' 이렇게 생각해서 봉사하면 나중에 고(苦)가 따릅니다. 그런데 애가 시험에 떨어져도 부모 마음이 편안하면 큰 문제가 안 돼요. 열심히 했는데 떨어지면 "일년간 수고했다. 떨어지기도 하고 붙기도 하는 게 세상사니까, 어떻게 할래? 그만둘래, 한 번 더 해 볼래?"라고 물어 보십시오. "그만두겠습니다." 하면 여기로 데리고 오세요. 인도 데리고 갈 테니까. 공장에 가겠다고 하면 길을 열어 주세요. 학생들은 지금 대학 가는 거 빼놓고는 선택의 길이 없잖아요. 그런데 과연 아이들에게 대학 가는 것밖에 선택이 없을까요? 여러분이 한 가지 선택만 열어 두고 있는 것은 아닐까요? 다른 선택도 가능합니다. 가령 저처럼 스님이 될 수도 있잖아요. 스님 되는 것도 열어 주세요. 선택이 열려 있어야 합니다. 이런 저런 걸 해 보다가 자기 마음에 맞는 거 하나 선택해서 원하는 거 하면 활기가 붙지 않겠습니까?

결론적으로 말씀드리면 봉사 열심히 하세요. 직접적인 관계야 없지만, 간접적인 것까지 다 고려하면 붙을 확률이 높아요. 요즘은 옛날처럼 "비 올 거다, 비 안 올 거다."라고 말하지 않지요. 어떻게 합니까? "비 올 확률이 높다. 또는 낮다." 이렇게 얘기하지요. 이게 과학입니다.

텔레비전 채널 때문에
동생이랑 다퉈요

'분별심을 내지 말고 이기기보다는 지면서 살라'는 기도문을 받았습니다. 동생과 함께 TV 시청하면, 오락 프로와 교양 프로를 같은 시간에 할 때가 있고, 그럴 때면 동생과 저는 생각이 달라 다툽니다. 다투다가 그 기도문이 생각나서 동생한테 양보하고 의미 없는 오락 프로를 보게 되는데, 이럴 때면 속이 부글부글 끓습니다.

기도문대로 한번 해 보려 한다면 동생에게 지면 됩니다. 동생이 오락 프로그램을 보겠다 하면 '그래라' 하는 마음 내는 게 '지고 살라'는 기도문을 따르는 것이지요?

네.

그 순간 내가 하고 싶은 대로 하는 것은 내 업대로 하는 것이고, 그 순간 나는 수행자니까 져 준단 말이에요. '그래? 오락 프로 봐라.' 했는데 왜 마음이 부글부글 끓어요?

겉으로는 그랬는데 마음 속 밑바닥은 습관이 남아 있어서…….

그것은 기도를 안 하는 겁니다. 그럴 때는 기도를 하고 있는 게 아니라는 것을 알아야 합니다. 기도문대로 수행한다는 것은 교양 프로 보겠다고 우기다가도 기도문이 탁 생각나면 '아차, 져 주는 게 지금 내 기도지.' 하고 돌이키고는 "오락 프로 보고 싶니? 그래, 봐라." 이렇게 마음 내는 것입니다. 이를 수행이라 하고 기도라 하는 것이지, 자기가 보고 싶은 것을 박박 우기다가 그 시간 지난 뒤에 혼자서 "지고 살겠습니다, 지고 살겠습니다." 하고 중얼거리는 건 기도가 아니에요. 마음 속 밑바닥에서 우러나오지 않는 것은 하는 척하는 것이지 기도가 아닙니다.

동생에게 오락 프로 보라고 해 놓고 마음이 부글부글 끓는다는 것은 겉으로 말만 그렇게 한 것이지 진짜 마음 내어 한 행동이 아니라는 말입니다. 즉 기도하지 않고 있다는 것이지요.

기도하는 사람은 괴로울 수가 없어요. '그래, 봐라.' 하고 마음 내면 이 문제로 인해 괴롭지가 않다는 말입니다. 그런데 그렇게 말할 때 '내가 졌다.'는 생각이 있어요. '내가 졌다.'는 생각 속에는 '내가 이겨야 하는데 졌다.'는 생각이 있는 것입니다. 내가 이겨야 하는데 졌으니 패배 의식이 생겨서 괴롭지요.

동생과 나는 서로 생각이 다른 것이지, 누구 생각이 옳고 누구 생각은 틀린 것이 아니잖아요? 그리고 각자는 다 자기가 원하는 대로 하고 싶어 합니다. 그러나 실제 세상 일은 자기가 하고 싶다 해서 다 할 수 있는 게 아니잖아요. 이루어질 때도 있고 안 이루어질 때도 있는데, 이루어질 때 느끼는 기분을 '락(樂)'이라 하고, 이루어지지 않았을 때 느끼는 기분을 '고(苦)'라고 해서 우리는 늘 고락 속에서 왔다 갔다 해요. 그런데 사람마다 하고 싶은 것이 서로 다르기 때문에 내가 하고 싶은 것이 이루어지기도 하고 때로는 이루어지지 않기도 하는 것이 현실의 세계입니다. 원하는 게 다 이루어질 거라는 생각은 착각일 뿐입니다.

　원하는 것이 이루어져야 한다고 생각할 때는 고와 락이 윤회하지만, 내 생각이나 내 욕구가 그럴 뿐, 이루어질 수도 이루어지지 않을 수도 있는 것이 현실이라는 것을 인정하면, 이루어지든 안 이루어지든 기뻐하거나 괴로워하지 않게 됩니다. 그럴 때 고락의 윤회에서 벗어나게 되지요. 앞으로는 혼자 있을 때는 보고 싶은 것을 보고, 동생과 같이 있을 때는 뭘 보고 싶은지 자신의 의견을 말해보고 동생이 자기 보고 싶은 것을 보겠다면 '그래라' 하고 같이 보든지, 보고 싶지 않으면 다른 일하면 됩니다. 보든 보지 않든, 그것으로 동생을 미워하거나 스트레스를 받지 말아야 합니다.

세상에 도움되는 일을
잘 하려면

저는 불법(佛法)을 처음 만났을 때 좋기도 하고 괴롭기도 했는데, 그 이유가 제 자신이 너무 세밀하게 보였기 때문입니다. 이전에는 무심코 넘기던 마음의 움직임이나 행동, 그리고 내가 다른 사람에게 하는 모든 것들이 세밀하게 다가와서 좀 힘든 부분도 있었습니다. 저 자신을 좀더 자세히 볼 수 있으니까 기쁜 마음도 있었고요.

어려운 곳, 힘든 곳에 보람이 되고 싶다는 마음으로 '정토회'에서 일을 시작했는데, 일을 하면서 문득 문득 자신을 내세우고 고집하는 모습을 발견합니다. 그런 내 모습을 보면서 '나 자신이 오히려 일에 걸림돌이 되고 있지 않은가?' 하는 생각이 듭니다. 걸림 없는 자유로운 사람이 되어 일을 좀더 잘할 수 있으려면 어떤 공부를 해야 하는지, 개인적으로 필요한 수행이 있으면 구체적으로 말씀해주시면 좋겠습니다.

두 가지 질문이라고 보입니다. 처음 질문에서는 자기 자신이 세밀하게 보여서 때로는 힘이 들었다고 했습니다. 자기를 세밀히 관찰하는 것이 왜 힘이 들었습니까?

의식 밑바닥에 보이는 제 자신의 못난 모습, 이기적인 모습, 남에게 상처 입히는 모습들을 보게 되었기 때문입니다.

우리는 자기를 세밀하게 관찰하면서 '내 의식 밑바닥이 이런 상태였구나.' 하는 것을 알게 됩니다. '내가 생각해 왔던 나'와 '실제로 말하고 행동하는 나'가 얼마나 많은 차이가 있는지 발견합니다. 그걸 통해서 '아, 그래서 내가 그런 오해를 받았구나.' '아, 그래서 잘한다고 했는데 욕을 얻어먹었구나.' 하는 것을 깨닫게 됩니다.

우리는 사물을 있는 그대로 보지 못합니다. 내가 알고 있는 남편이나 자식, 그리고 친구는 내 눈으로 보고, 내 귀로 듣고, 내 코로 냄새 맡고, 내 손으로 만져보고 그걸 종합해서 내 머리로 상상한 것입니다. 그것은 그 사람의 실제 모습이 아니라 내 업식을 통과해서 그려진 상입니다. 그런데 우리는 내가 그린 상이 실제의 모습이라고 착각합니다. 자신의 업식에 의해 왜곡된 모습을 실제의 모습이라고 생각하는 것이지요.

자기가 쓸데없는 걸 고집한다고 생각하는 사람은 아무도 없습니다. 각자 자기 입장에서는 그게 옳으니까 옳다고 말하는 것입니다. 자기가 알고 있는 것이 객관적인 사실이라고 생각하는 것입니다. 자기가 색깔 있는 안경을 끼고 있다는 걸 자신은 잘 모릅니다. 한 번이라도 안경을 벗어 본 사람은 '아! 안경 색깔 때문에 색깔이 다르게 보였구나.' 이렇게 알 수 있습니다. 비록 빨갛게 보이더라도 '아, 저건 빨간 게 아닐 수도 있다. 혹시 내 안경 색깔 때문에 빨갛게 보이는 건 아닐까?' '내 업식 때문에, 내 관념 때문에 그렇게 보일 수도 있겠다.' 이렇게 생각할 수 있습니다. 그럴 수만 있어도 그렇게 고집이 세지 않습니다.

실제의 모습과 내가 알고 있는 모습은 다릅니다. '우리 남편은 이런 사람이어야 한다.'라는 상을 갖고 있는데, 그것이 현실의 남편과 너무 거리가 멀 때 남편에 대한 실망과 미움이 생깁니다. 그 차이가 크면 클수록 용납이 안 됩니다. '어떻게 사람이 저럴 수가 있나.'라는 생각에 가슴이 답답해지고, 상대가 미워집니다. 보기 싫어도 부부이니 헤어질 수 없고, 부모 자식이니 헤어질 수 없으므로 더 괴롭습니다.

자기 자신에 대해서도 마찬가지입니다. '실제의 자기'와 '자기가 생각하는 자기'가 다릅니다. 이 차이가 크면 클수록 자기가 미워집니다. 자기가 봐도 자기 모습이 이렇게 초라한데 '남이 보면 어떨까?' 하는 생각에 부끄러워 남 앞에 나서기가 두렵습니다. 그래서 사람을 만나지 않고 자꾸 숨고 싶어집니다. 그리고 이 상태가 좀더 심해지면 자기를 미워하고, 더 나아가 죽어버리고 싶은 마음이 생기기도 합니다. 자살 충동을 느끼는 것입니다.

지금 우리는 '자기가 그린 자기', '자기가 그린 남편', '자기가 그린 부모'를 실제의 모습이라고 착각하며 살고 있습니다. 그 상을 버리고 '있는 그대로의 자기', '있는 그대로의 타인'을 봐야 합니다. 그것이 실상을 보는 것이지요. 그걸 기초로 자기 자신을 용서하고 받아들이고, 다른 사람을 용서하고 받아들여야 합니다. 자기를 알고 나니 부끄럽다든지 힘이 들었다든지 하는 건 아직도 허상에 사로잡혀 있는 것입니다. 거기에 미련을 못 버리고 있는 것이지요. 있는 그대로를 외면하고, 허상에 집착하는 것입니다.

현재 있는 그대로의 내 모습, 그렇게 잘난 체하고 그렇게 짜증내는 모습이 바로 내 모습이라는 걸 받아들여야 합니다. 그것마저도 용서해야 합니다. 그걸 인정하고 그것마저도 사랑해야 진정한 해탈의 길로 갈 수 있습니다.

다음 질문은 '좋은 일을 하려고 마음을 내서 그 일을 하는데 고집이 생긴다. 이걸 어떻게 하면 좋겠느냐?' 이런 질문이라고 생각합니다.

예를 들어 보겠습니다. 절에 법문만 들으러 다닐 때는 별 문제가 없었는데, 나도 뭔가 해 봐야겠다는 생각에 포교부에 들었습니다. 열심히 법을 전하겠다고 마음먹고, 평소에 전화도 안 하던 친구에게 "좋은 법문이 있는데 들으러 와라." 이렇게 전화를 했습니다. 그런데 친구가 온다고 해 놓고 안 오는 거예요. 문 앞에서 30분이나 기다려도 약속을 어기고 안 와서, "왜 안 왔느냐"고 하니 "다음에 꼭 갈게." 해 놓고 또 안 옵니다. 그러면 짜증이 나겠지요. 포교하기가 어렵고 싫어집니다. 그래서 다른 봉사를 해야 되겠다고 생각을 바꿔 '법당 청소를 잘해야 되겠다, 방석도 잘 정돈해야 되겠다.' 이렇게 마음먹고 일을 하는데, 사람들이 와서 방석을 쓰고는 제대로 갖다 놓지도 않고, 올려놓을 때도 아무렇게나 얹어놓고 가니 짜증이 납니다. 괴로움 덜려고 절에 왔는데 오히려 괴로움이 더 생깁니다. 처음에는 절에 다니는 사람들이 다 좋게 보였는데, 일을 하면서부터는 '방석도 제대로 안 치우고, 밥만 먹고 설거지도 안 하고 가 버리고…….' 하면서 전부 꼴도 보기 싫어집니다.

왜 이런 일이 생길까요? 그것은 집착을 하기 때문입니다. 모든 괴로움은 집착하기 때문에 생깁니다. 방석을 가지런히 놓는 것은 내 할 일이고, 어지르는 것은 그 사람의 문제입니다. 친구를 위해 법문을 들으라고 하는 건 내 할 일이고, 오고 안 오고는 그 사람의 자유입니다. 내가 옳다고 생각하는 건 내 생각일 뿐, 다른 사람도 반드시 그래야 한다는 법은 없습니다. 그건 남의 인생에 간섭하는 것입니다.

'정토회'에서는 '일과 수행의 통일'이라는 말을 합니다. 일을 하니 집착하게 되고, 집착하니 수행이 안 된다고 말하는 사람이 있습니다. 아무 것도 안 하면 마음 관찰하기가 쉽겠는데, 일을 하다 보니 거기에 집착해서 마음 관찰이 잘 안 된다고 합니다.

그러나 사실은 그렇지가 않습니다. 일을 잘 하려면 괴롭지 않아야 하고, 괴롭지 않으려면 집착하지 않아야 합니다. 집착하지 않으면 사물을 있는 그대로 볼 수 있고, 잘 되는 길을 더 빨리 찾게 됩니다. 그래서 일을 하면 수행을 못 하는 게 아니라, 오히려 일을 함으로써 수행의 근원을 빨리 깨칠 수 있습니다.

'좋은 일'을 하는데 왜 괴로운가? 그것은 집착하기 때문입니다. '좋은 일'이라는 명분을 내걸고 남에게 강요하고, 그것을 따라주지 않는 남을 미워하기 때문에 괴로움이 생깁니다. 그렇게 하는 것이 좋다면 나부터 그렇게 하고, 누가 물으면 그렇게 일러주면 됩니다. 그렇게 하고 안 하고는 그 사람의 인생입니다. 그걸 인정해야 하는데, 우리는 그게 잘 안 됩니다. 특히 내 자식이나 내 남편의 일이면 더욱 더 그렇습니다.

내 인생만 소중한 게 아니라 남의 인생도 소중하고, 내 생각만 소중한 게 아니라 남의 생각도 소중합니다. '좋은 일'은 내가 보기에 '좋은 일'입니다. 그 일은 내가 열심히 하면 됩니다. 남까지 그 일을 해야 한다고 고집하면 갈등이 생기고 괴롭습니다.

그러면 다른 사람도 그 일을 했으면 좋겠다는 생각이 나쁜 것이냐? 그건 아닙니다. 남도 그렇게 하는 게 좋겠다고 생각하면 권할 수 있습니다. 그러나 사람들은 쉽게 그것을 따르지 않습니다. 나도 남이 하자는 대로 쉽게 따르는 사람이 아니니까 그것은 너무나 당연한 일입니다. 그러면 '어떻게 해야 사람들이 이 일을 함께 할까?' 이것을 연구해야 합니다. 연구하면 방법이 발견되지, 그것 때문에 괴롭지는 않습니다.